PRE-STEP
03

プレステップ

金融学
〈第2版〉

平田 潤／著

渡辺利夫／シリーズ監修

弘文堂

はじめに

　本書初版は2009年2月に刊行されました。その後おかげさまで、学生・ビジネスパーソンのみなさん、金融教育ご担当の先生方にご支持をいただき、今回新たに第2版を世に出すことができました。この場を借りて、深く感謝申し上げます。

　本書は金融の基本的内容をわかりやすく説明し、「最大多数の最大理解」を得ることを目的としています。そのために、社会人として不可欠な金融との付き合い方を「金融基礎力」とし、以下5つのジャンルにまとめました。すなわち、①リスク・リターンの関係を把握する、②基礎的な金融用語を身に付ける、③金融の「しくみ」を理解する、④金融システム（枠組み）を理解する、⑤自己判断で選択し、結果に責任を持つ、というものですが、その目的は単に知識を得ることではなく、知識を活用する力を養成することです。

　グローバル経済下で金融の重要性が高まっている反面、社会人に必要な金融のコモンセンスは、いまだにあまり改善しないままと言えましょう。こうしたなか、大学を中心に金融教育のニーズ・意義がますます高まってきており、現在では官民挙げて「金融リテラシー」といったガイドラインが示されるようになってきました。

　本書初版の刊行は、米国リーマンショック（2008年9月）発生後間もなくであり、金融経済の深刻な危機や混乱が続き、日本も大きなダメージを蒙りました。その後、日本の金融政策では、異次元的な金融緩和策（アベノミクス第一の矢）が実施されましたが、これは現在（2018年2月）も継続しています。つまり本書初版刊行後、約9年たちますが、結局この間に、政策金利はほとんど「ゼロ金利」状況でした。しかしながら日本の金融市場では、株式、外国為替が大きく変動したことは、グローバル経済下での変動（ボラティリティ）の激しさを示しています。

　今回の改訂では、金融の基本に加え、ITやAI（人口知能）を活用するFinTech、ビットコインなど仮想通貨の登場、「貯蓄から投資へ」に向けた本格的政策支援（NISA、つみたてNISAなど）、マイナス金利にまで踏み込んだ異次元的金融政策、金融仲介でプレゼンスを高める各種ファンド、繰り返すグローバルな金融危機など、金融の世界を揺り動かしている最新の動きを新たに盛り込みました。

　みなさんと一緒に、生活やビジネスに身近な最新の金融を学んでいきたいと思います。

　2018年2月

平田　潤

プレステップ金融学〔第2版〕● 目次

　　はじめに　1
　　序章　なぜ金融を学ぶのか？　6

第1章 ● **ビジネスに不可欠な「金融」** 金融基礎力と金融リテラシー　12
　　時代が求める「基礎力」とは　13
　　金融学と「金融基礎力」　14
　　社会人も十分とはいえない「金融基礎力」　16
　　自己責任と金融教育　17

第2章 ● **金融の基本的な働き** 金融は経済を動かす循環機能　23
　　「お金（通貨）」の機能　24
　　金融の基本モデル　25
　　さまざまな金利を学ぼう　26
　　マネーストックの見方　29

第3章 ● **「金融システム」と「金融市場」** 金融のスタイルを学ぼう　34
　　金融のスタイル　35
　　直接金融と間接金融　36
　　ハイブリッド型金融　38
　　金融市場とその役割　39

第4章 ● **重要なリスクマネジメント** リスクなくしてリターンなし　44
　　リスクとリターン──金融商品を見きわめるものさし　46
　　リスクの種類　48
　　リスクマネジメント　49
　　ポートフォリオの考え方　50

第5章 ● 金融機関の種類と機能① **IT時代の金融と銀行** 変化に直面する銀行と金融サービス　56
　　金融機関を分類すると　58
　　預金取扱い金融機関（預金受け入れ金融機関）　59
　　さまざまな銀行　60
　　銀行の金融サービス　61
　　銀行の業務（三大業務と信託業務）　63

第 6 章 ● 金融機関の種類と機能② **証券会社・ノンバンク・ファンド** など　投資の時代の主役は誰？　69

　　　　証券会社の４大業務　71
　　　　インベストメントバンキング業務　72
　　　　ノンバンク・保険会社の役割　73
　　　　金融市場とファンド　75

第 7 章 ● 家計と金融① **預貯金と債券**　「安全資産」は投資の基本　81

　　　　「貯蓄から投資の時代へ」の意味　83
　　　　日本の家計による資産選択　83
　　　　預貯金は金融商品の原点　84
　　　　債券は「投資の時代」の主役？　85

第 8 章 ● 家計と金融② **株式と外貨資産**　長期投資か？　デイ・トレードか？　93

　　　　リスク資産の代表：株式　95
　　　　株式の基礎　96
　　　　株価の決定要因　96
　　　　株価の評価　97
　　　　外貨金融商品（外貨預金とFX）　100

第 9 章 ● 家計と金融③ **ファンド型金融商品の「光」と「陰」**　投資信託は本当に有利な金融商品なの？　104

　　　　なぜ投資信託を学ぶのか？　106
　　　　投資信託のしくみと種類　106
　　　　投資信託のリスク　109
　　　　投資信託のメリット・デメリット　110
　　　　金融商品と投資家・消費者保護　110

第10章 ● 企業と金融① **資本調達と資本コスト**　起業も企業もお金が肝心　115

　　　　企業価値とファイナンス　117
　　　　内部金融と外部金融　118
　　　　市場からの資金調達（株式・債券）　119
　　　　企業の資本コスト　121

第11章 ● 企業と金融② 銀行の活用法　金融のデパート「銀行」とのおつきあい　125
　　企業と銀行　127
　　銀行貸出のスタイル　128
　　メインバンク制度とその変容　131
　　シンジケート・ローン　132

第12章 ● 金融政策のしくみと役割　「政策金利」を理解しよう　136
　　金利の決まり方——金利水準を左右する要因　138
　　中央銀行の役割　139
　　日本銀行と（マクロ）金融政策　139
　　日本の金融政策——ゼロ金利・量的緩和政策・異次元緩和政策　141
　　プルーデンス政策　142
　　インフレ・ターゲティング政策　143

第13章 ●「金融危機」はどうすれば防げるか？　故きを温ねて、新しきに備えよう　147
　　繰り返される金融危機　149
　　金融危機の原因　150
　　グローバル金融の危機管理　151
　　金融規制のグローバルスタンダード　152
　　最安価危機回避者の役割と責任　153

おわりに　155

索引　156

◆ 金融のスポットライト

- 彼を知り、己を知れば、百戦して殆うからず　10
- 「最大多数の最大理解」が可能な「金融基礎力」　20
- 「時は金なり」――金利と割引率　31
- 「築城3年、落城3日」――信用の大切さの話　41
- ポートフォリオの発想術　53
- 金融環境の大変化と銀行　65
- 「ベア」と「ブル」――強気と慎重さのバランスが重要　77
- 時間の分散投資――ドルコスト平均法　111
- 情報の非対称性――金融界の「格差」　122
- 市場の液状化と危機管理　133
- 「非伝統的な金融政策」と「異次元的な金融緩和策」　145

◆ 金融基礎力レベルアップ講座

- 金融学は総合的な学問　21
- マイナス金利の意味するもの　32
- 証券化金融　42
- リスクとリターンの測定法（平均・分散モデル）　54
- 日本版フィンテックの背景と展望　66
- 投資ファンドによる金融仲介　78
- 日本家計の資産選択とポートフォリオの特色　91
- デリバティブとは　102
- 金融商品の比較　113
- 資本コストの考え方　123
- 銀行の自己資本比率規制（BIS規制）とモラルハザード　134
- グローバル金融の司令塔「FRB」　144
- グローバル金融危機（最近20年間に発生した事例）　154

登場人物

はやとくん
国際ビジネス学部の2年生。そろそろ就活が気になるものの、サークルとバイトで忙しい毎日を送っている。

さおりさん
はやとくんのサークルの先輩。在学中に金融学のゼミをとり、第一志望だったメガバンクに就職した。

序章 なぜ金融を学ぶのか？

お花見大学では今度、「金融学」が必修になったんですよ。でも金融って用語がやたら難しくとっつきにくいし、僕、単位落としちゃいそうです。

でも同じく必修の「コンピューター・リテラシー」は、何とかクリアーしたよね。それにゲームやアプリだって結構複雑なのに、そういうのは楽しんでやってるじゃない。

さすがに今の世の中、パソコンやスマホができないじゃ通りませんからね。金融はそう簡単にはいかないですよ。わかりやすくて、数式も少なく、しかも社会に出てからもお役立ちの「金融学」ならいいのにな。

それなら、金融基礎力を勉強するのがおすすめよ。まずは次の7つの質問に答えてみて！

さおりさんのワンポイント★レッスン

7つの金融基礎力チェック

みなさんは「金融」や「金融学」についてどんなイメージを持っていますか？ 人生にはもちろんお金が必要です。そして社会に出れば、生活でもビジネスでも「金融」は必須の知識なのに、「学」がついてしまうととたんに敷居が高くなってしまいます。

そこで、まず以下の7つの質問に答えてみてください。いずれもみなさんの身の回りに起こることばかりです。試験ではないので気楽に考えてください。

Q1 みなさんが夏休みにアルバイトを頑張って10万円の収入があったとします。すぐには使わない場合、どうしますか？
もし、この10万円を銀行に半年間預金したとすると、今の金利（定期預金利息は年利率0.1％とします）で計算して、利息はいくらでしょう？

Q2 銀行でATMを使って時間外や日曜日に現金を引き出すと、手数料をとられます。手数料の金額をQ1の利息を比べてみて、どう思いますか？

序章　なぜ金融を学ぶのか？

Q3 みなさんが知っている金融商品にはどのようなものがありますか？　金融商品を取引すると、通常は税金がかかりますが、この税金がゼロになる方法を知っていますか？

Q4 現在は「貯蓄から投資へ」の時代だと言われます。もし今みなさんが「安全で、しかも確実に儲かる」というふれこみの金融商品を勧められたら、どうしますか？

Q5 みなさんが、おじいさんやおばあさんから大学の合格のお祝いに10万円もらえるとします。入学時にもらった方が得だと思いますか？　それとも、卒業時にもらった方が得でしょうか？

Q6 現在、大学生の約半数が利用している「奨学金」は実は借金です。もし、借りた奨学金が返済できない場合、どういうことが起きるでしょうか？

Q7 みなさんが社会人になってから、最もお金が必要となるイベント（人生で起こるできごと）を3つ挙げてみてください。

すべて答えられましたか？　以下に回答の一例を示します。

A1 利息は10万円×0.1%÷2（半年だから）＝50円にしかなりません。利息は年率（1年間に何%）で表示しますから半年では2分の1です。低金利に慣れたみなさんは、そんなものかなと思われるかもしれませんが、バブルといわれた時代には年利が8%近い時もあったことから見れば、利息は微々たるものです。本書ではなぜそうなってしまったのかを学びます。

A2 ATMの時間外手数料は約100円です。たった1回でも日曜日にお金を引き出しただけで、A1の利息よりも高くついてしまいます。金利は低いのに手数料は高いです。

A3 このところNISA（2014年～）、ジュニアNISA（2016年～）、積立NISA（2018年～）といった、個人投資家に向けた非課税優遇制度が矢継ぎ早に登場しています。これらのしくみに沿った投資で得た利益は、非課税扱いとなります。

A4 金融の大原則は、ローリスク・ローリターン、ハイリスク・ハイリターンです。安全でしかも確実に儲かる、つまりローリスク・ハイリターンの金融商品はまず存在しませんし、そうした「うまい話」には注意が必要です。

A5 「時は金なり」です。デフレでない限り、時間の経過によってお金の価値は目減りします。一般に金融の世界では、現在（今日）の10万円は将来（明日）の10万円より価値が高いと考えます。

A6　制度は異なりますが、教育費の高い米国では、この学生ローンの返済が大きな負担となり、深刻な問題になっています。日本でも返済できない（延滞）ケースが増えてきていますが、延滞金利は年5％（日本学生支援機構）と安くはなく、しかも将来に不利益（後でローンが組めなかったり、クレジットカードが作れなかったりします）が生じます。延滞が生じないように注意してください。

A7　人生の3大出費というと、一般的には「住宅」「子育て・教育」「医療費・老後」なのですが、みなさんにはまだ老後といってもピンとこないでしょう。したがって「結婚」「子育て・教育」「住宅」といったところでしょうか。一般論ですが、結婚費用（生活立ち上げを含め）が300〜500万円、子育て・教育で大学卒業までの教育費が1人あたり約1800万円（幼稚園から大学まで私立の場合）、住宅（マンション・戸建て）は概算で3000〜4000万円の負担です。

若いうちから「ライフプラン」「ライフデザイン」がしっかりしているにこしたことはありません。現在の日本では、金融資産（貯蓄）が実質ゼロの世帯が30％を占めているというデータ（2016年）もあります。国民の金融資産の平均保有高は約1100万円（2人以上世帯の平均）もあるのですが、これは富裕層の資産が平均を押し上げているためです。平均の見方には注意が必要なのです。

なぜ金融を学ぶのか？

筆者がこれまで担当した「金融学」「金融入門」の授業に参加した学生のみなさんに、**金融を学んだ動機やモチベーション**について聞いてみました。

学生のみなさんにとって、「金融」を学ぶ意義や目的として多かったものは以下のとおりです。

　　○世の中を動かしているのはお金だから、世の中の動きがわかる
　　○経済と金融はビジネスの両輪
　　○なんといっても「お金」は大事
　　○社会に出るための「リテラシー」として
　　○グローバル時代の共通語
　　○ビジネスや起業に不可欠
　　○企業研究に不可欠
　　○金融業界は就活では意外とメジャーな業種で、採用数も多い
　　○おかねを儲けたい、増やしたい
　　○よい投資先が知りたい
　　○株式やFXを知りたい

大きくまとめると「金融を学ぶ」モチベーションとしては、
①世の中を動かしている「経済」と「金融」のしくみを学ぶ
②社会人やビジネスパーソンになってから、何かしら役に立つ、メリットが得られる、というインセンティブがあったと思われます。
　つまり、みなさんが求めているのは「生きた（ビジネスとしてリアルな）金融とその基本」ということになります。
　みなさんが法律学や経済学を学ぶとき、必ずしも将来、弁護士や裁判官や学者になることを目的にしてはいないですよね。しかし、法律も経済も社会で生きていくには不可欠な知識です。それと同じように、金融の知識を大学で学ぶことには大いに意味があるのです。

「金融」と就活

　2017年度実績（推定ベース）で、日本の新卒学生採用数ベスト20社のうち、実に半数の10社は金融が占めています。そして、この10社だけでも約9000人の雇用を生み出しているのです。
　金融の大手企業といえば、銀行・生命保険・損害保険・証券会社があげられますが、金融業界にはこれ以外にも、信用金庫や信用組合、JAといった非営利の協同組織金融機関、リース会社、消費者金融、クレジットカード会社といったノンバンクも含まれます。銀行だけをとっても、メガバンクから地方銀行までさまざまです。最近ではネット銀行・ネット証券も登場しました。
　それでも金融業界といえば、一般的に銀行の業務のイメージが強いことは事実です。銀行は現金を扱うため「失敗が許されない」、「ち密さを求められる」、証券会社であれば「営業ノルマの達成目標がきつい」といったイメージがあり、ストレスが大きいのではないかと心配する方もいるかもしれません。
　しかし、実際に就活先として考えた場合、金融はハードで厳しいことばかりではありません。ビジネスとしてのやりがいは別にしても、とくにメガバンクや生保・損保、大手証券などの魅力としては、次の①〜⑤があります。
　①キャリアプランがしっかりしている。
　②女性の活躍が浸透していて、さまざまなキャリアコースが選択できる。
　③ワークライフバランスを考慮し、出産・介護、とくに子育て支援に熱心な企業が多いため、産休や育児休暇などが充実している。

④研修制度が充実、能力開発に熱心など、人材育成に手厚い企業が多い。
⑤グローバルに展開する企業の場合、海外留学・語学研修の制度が充実し、かつ海外で仕事ができるチャンスも多い。

　もっとも、金融は経済の動きと切っても切れない関係があり、しかもグローバルな金融の潮流や、金融政策の影響を大きく受けます。また現在の日本でいえば、FinTechといわれるICTによる金融分野のイノベーションがもたらすマイナスインパクト（とくに銀行の雇用面）や、超低金利時代の収益悪化（とくに地方銀行）などが心配の種となりつつあります。

「金融基礎力」のこころ

　みなさんは「社会人基礎力」という言葉を聞いたことがありますか。本書でも1章で登場する社会人基礎力とは、「すべての学生が社会人になるにあたり、必要不可欠な知識とそれを活用する力」のことです。

　「金融基礎力」については1章で詳しく学びますが、「社会人基礎力」と同様に、

彼を知り、己(おのれ)を知れば、百戦して殆(あや)うからず

　みなさんは「孫子の兵法(そんしのへいほう)」という言葉を一度は聞いたことがあるでしょう。

　「孫子」は今から約2500年前に成立した古代中国の古典で、その優れた戦略眼、的確な分析と行動指針により、軍事（兵法）のみならず、現代にいたるまで、経営やビジネスの指南書としてもよく活用される名著です。

　もちろん「金融学」の分野でも、さまざまに的を射たアドバイスを引き出すことができます。

　金融の世界は、敵味方で実際に戦うわけではありませんが、利益と損失が背中合わせで、しかも数字で結果が示される、厳しい世界でもあるのです。「孫子」の一篇を見てみましょう。

　「故に曰く彼を知り、己(おのれ)を知れば、百戦して殆(あや)うからず。（一部略）彼を知らず、己を知らざれば、戦う毎に必ず殆し」（孫子第三篇）

　ここで「彼」とは相手のこと、投資する相手（企業や金融商品など）を十分研究し知っておくことがまず必要です。もちろん「リスク」についても十分知っておかねばなりません。己を知るとは、自分の性格・能力・適性などだけでなく、自分が投資で何を追求しているのか、自分の置かれている状況はどうかなど、自分を客観的に把握してコントロールできることです。「孫子」でさらに注目していただきたいのは最後の部分です。十分な知識もなく、しかも自己選択や自己責任の面で、自らを客観的に把握しコントロールし得ない投資家では、「戦う毎に必ず殆し」（必敗すること）を警告しているのです。

序章 なぜ金融を学ぶのか？

「**すべての学生が、社会人として家計やビジネスを通じて経済活動を行う以上、避けて通れない『お金』と付き合うための力**」ということです。

金融学のチャート

本書では以下の5つのゴールを目標に金融学を学びます。各ゴールを達成するために13の章を用意しました。

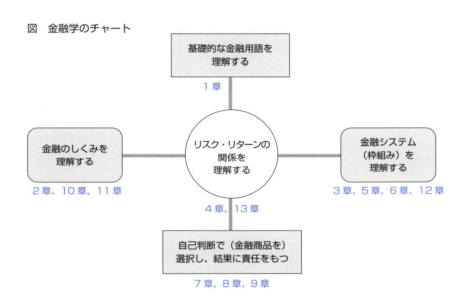

図　金融学のチャート

1章から13章までの目的は以下のとおりです。

①**基礎的な金融用語を理解する（1章）**

②**金融のしくみを理解する（2章、10章、11章）**

③**金融システム（枠組み）を理解する（3章、5章、6章、12章）**

④**リスク・リターンの関係を把握する（4章、13章）**

⑤**自己判断で（金融商品を）選択し、結果に責任を持つ（7章、8章、9章）**

この中で、本書のコアとして最もよく理解していただきたいのは、④の「**リスク・リターンの関係を把握する**」です。「**リスクなくしてリターンなし**」は金融の大原則なのです（もちろんビジネスの大原則でもあります）。
さあ、では早速、1章に入っていきましょう。

第1章 ビジネスに不可欠な「金融」

金融基礎力と金融リテラシー

おカネに興味はあるけど、「金融」の勉強だとどうもなあ！やっぱり、数学や計算があるのもマジ恐怖だし！

苦手といっても、足し算・引き算ならできるでしょ。
「金融」とは、社会やビジネスで困らないように「おカネとの付き合い方」を身につけることよ。

なるほど。でもそのくらいは大学の講義でなくても、バイトでしっかり学べますよ。子供じゃないんだし、おカネの管理くらいなら自然に身に付くんじゃないですか？

じゃあ聞くけど、はやとくんは自分の借りている奨学金の合計額や1年あたりの利息、それに返済スケジュールをちゃんと覚えている？

え？ そうきたか。えーっと……わかりません。

奨学金だって借金よね。はやとくん、自分の財布管理や、計画的な使い方は大丈夫かな？ 最近では学生や社会人に求められる「金融の知識」や「理解のレベル」を定めた「金融リテラシー」というガイドラインがあるのよ。

「金融リテラシー」ってオリエンテーションに出てきたので、ネット検索したんです。それで「最低限身に付けるべき」といってるけれど、幅広い分野を理解・クリアーできないとダメみたいで、僕には荷が重い感じです。

仕方ないわね。だったらせめて「金融基礎力」を学んでね！

第1章 ビジネスに不可欠な「金融」
金融基礎力と金融リテラシー

おカネとうまく付き合うための「金融基礎力」

「お金についての知識なんて、社会に出て給料をもらうようになってからで十分」という見方もありますが、多くの社会人は意外とおカネの管理の仕方が甘く、金融についても無関心であったり、知識があっても生活やビジネスにうまく活かせていなかったり、といった傾向は否定できません。

世を騒がす「オレオレ」や「振り込め」詐欺だけが金融犯罪や落とし穴ではないのです。たとえば、

①通常の金融の常識では、まずあり得ないような儲け話に「あなただけ」「選ばれたグループ限定」「今でしょう！」と言われて乗ってしまった（投資詐欺）

②気軽に借りられる感覚からカードローンやクレジットカードでお金を借りたり、リボ払いにして安易に使い、気づいたときには金利や返済額がかさんで自己破産してしまった

など、金融をめぐる悲劇やトラブルは今でも絶えません。かといって、投資マインドを一切捨てて、いくら安全だからといっても利息がほとんどつかない貯蓄に依存し続けたり、「たんす預金」が一番というのも無策すぎます。

そこで登場するのが「金融基礎力」です。みなさんが社会に一歩踏み出すときに求められるのが「社会人基礎力」であるのと同様に、「おカネとうまく付き合う」ためには、ぜひ「金融基礎力」を身に付けておきましょう。

時代が求める「基礎力」とは

● 基礎力が重視される時代と環境

2000年代後半、大学生の低学力化が問題となるとともに、卒業するまでに身に付けるべき「基礎力」がクローズアップされ、ブームとなりました。とくに話題となったのが、学力面を重視した「学士力」と、就活の際に企業サイドから求められる「社会人基礎力」です。

経済産業省「社会人基礎力に関する研究会」が提起した「社会人基礎力」（2006年）とは、「**前に踏み出す力**（アクション）―主体性や実行力など」「**考え抜く力**（シンキング）―課題発見力など」「**チームで働く力**（チームワーク）―状況把握力や柔軟性など」の**3つの要素**から成る力のことで、これまでの学力とは異なります。つまり知識を活用していく能力として、社会人となる大学生に対して、社会や企業から強く求められている力のことです（図1）。

このように、社会や企業が採用・就職試験時に求めている人材においても、知識の修得だけではなく、知識を活用していく力（知識活用力、実践力）が、バランスよく養われていることが重視されるようになりました。

図1　ビジネスや地域社会で活躍するうえで必要となる能力

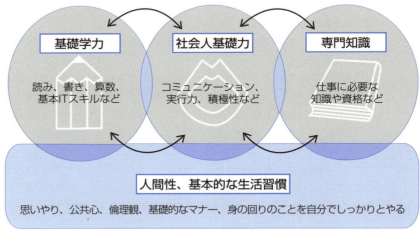

（出所）経済産業省「社会人基礎力に関する研究会　中間取りまとめ」2006年

金融学と「金融基礎力」

● 知識と知識活用が両輪の「金融学」

このような流れのなかで、大学で学ぶ専門・専攻科目の内容が何であれ、みなさんは在学中に、知識に加えて、その活用力を身につけることが求められています。なかでも、「知識」と「知識活用力、実践力」が両輪である分野——これがまさに「金融」であり、これを学ぶのが「金融学」なのです。

どんなビジネスにとっても必要不可欠で、すべての社会人がお金の世界と縁が切れることはまずないという「金融」ですが、この両輪のどちらかが弱いと、どうなるでしょうか？　金融は、それ自体重要なビジネス（金融サービス産業、金融実務）でもあり、みなさんもさまざまな金融行動に必ず関わります。

しかし金融「知識」が不十分なまま「活用（実践）」したりすれば失敗する危険が大きいですし、活用・実践なしの金融知識であれば、そもそも意味があまりないともいえます（逆に経験から得た「経験知」は重要です）。

したがって、両輪をバランスよく強化し、金融の基礎を固めておく、つまり金融基礎力をつけておく必要があるのです。

第1章 ビジネスに不可欠な「金融」
金融基礎力と金融リテラシー

● **重要な「金融基礎力」**

このように、金融の知識・活用（実践）をバランスよく身につける、いわば基盤をなす力を金融基礎力*と呼ぶこととします。これからそれをひとつひとつ勉強していきましょう（図2）。

*本書初版（2009年）が最初にかつ独自に提起を行った「金融基礎力」では、基礎的な金融用語をファイナンス（金融）リテラシーとして他の4分野とともに身につけるよう求めています（図2、図3）。一方、金融庁（2013年）その他が定める「金融リテラシー」とは、各年代層に必要不可欠とされる金融能力全般を指していると考えられます（⇒22頁）。

図2　大学で学ぶべき「金融基礎力」

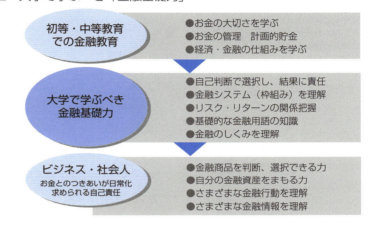

「金融基礎力」とは、みなさんが高校までに家庭や学校で身に付けた金融知識・経験のレベルと、将来、社会人・ビジネスパーソンとして、金融に関わる際に必要な力として求められる金融知識・経験のレベルとの間を、橋渡し（架け橋）する重要な基礎力のことと考えてください。内容としては、①基本的な「金融のしくみ」の理解、②金融用語を身につける、③リスクとリターンの関係を把握する、④金融の枠組みを理解し、⑤自己の判断と結果に責任を持つこと、などです。いずれも大学生の間にぜひ身につけておいてほしい基礎力といえます。

図3　「金融基礎力」の内容（5分野）

社会人も十分とはいえない「金融基礎力」

それでは現状、日本の社会人を見た場合に、一般に金融に関わる際に必要と思われる金融知識・経験のレベルについて、どの程度保有していると考えられるか、見てみたいと思います。ここで金融広報中央委員会が行った、日本全国20歳以上の男女に対する「金融に関する消費者アンケート調査（2008年）」＊の結果が参考になります（**図4**）。

＊調査は過去2001年、2003年そして2008年と実施されました。各項目共に過去の数値からあまり改善が見られていないようです。

調査によれば、金融商品について「十分知識があると思う」と回答したのは、全体の5％にも満たない水準であり（ほとんど知識がないとの回答は64％）、株式や債券といった証券投資の知識について、「十分知識があると思う」はやはり5％未満（ほとんど知識がないとの回答は72％）でした。しかも金融商品理解に欠かすことのできない「税」や「各種リスク」についての知識についても、ほぼ同様の非常に低い水準を示すという、残念な結果を示しています。

「リスク」の意義・内容は4章で詳しく学びます。ここで「投資に伴う各種リスク」とは、みなさんが投資（購入）した金融商品の価値を、将来不確実に変動させる、さまざまな要因のことを指します。

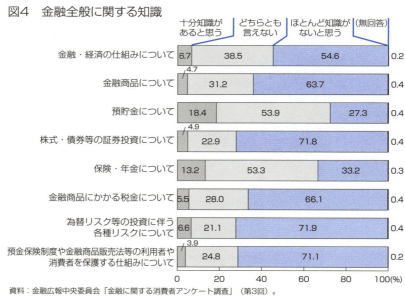

図4　金融全般に関する知識

資料：金融広報中央委員会「金融に関する消費者アンケート調査」（第3回）。
（注）1．調査時期　2008年10月　2．調査対象　全国の20歳以上の男女個人4,000人（回収率56.4％）。
出所：金融広報中央委員会ホームページ「知るぽると」

第1章 ビジネスに不可欠な「金融」
金融基礎力と金融リテラシー

　この結果を見る限り、①多くの社会人は、通常必要な「金融知識・経験のレベル」に達しているとはいえないこと、②その前提として、さきほど提示した「金融基礎力」が決して十分とはいえないこと、そして③**金融基礎力が不足しているままで、金融行動を行っている**と言えるのではないでしょうか？

● 金融基礎力と金融行動

＊「リスクとチャンスの関係に対する考え方」(2006年)

　同じく金融広報中央委員会が行った、家計へのアンケート調査（2006年）＊によれば、日本では、リスクに見合う収益性が得られるチャンスがあれば運用（投資）しようと考える家計は、全体の10%にも満たず（8.9％）、逆に元本（元手、投資を行った当初の金額）の保証が約束されないと運用（投資）に消極的な家計は実に50％を超えている（53.5％）のです。

　こうしてみると、**日本の家計は金融行動に伴うリスクに対して、非常に慎重な姿勢を示している**ことがわかります。先程の「金融に関する消費者アンケート調査」結果と併せて考えてみてください。こうした傾向の背景には種々の理由が考えられますが、私たちが受けてきた教育（金融教育）の影響はあるのでしょうか。また最近強調される、自分の金融行動の結果は、自分が責任を持つという自己責任の考え方からみると、どうなのでしょうか。

自己責任と金融教育

　私たちはこれまでに学校（初等・中等教育）で、さまざまな金融教育を受けてきました。日常生活でも不可欠な「お金」はあまりにも身近で、学校で何を習ったか記憶に乏しいのも無理はありません。学校における金融教育は、まず初等教育で「お金」の大切さを学ぶことや、お金（お小遣い）を計画的・習慣的に使い、貯めることを学ぶことから始まりました。そして、お金の管理（お小遣い帳など）の仕方を学んだり、お金の働きを学び、さらにお金と経済についても学んできたと思われます（⇒19頁「金融リテラシーマップ」）。

　大学に入ると、みなさんはアルバイトなどでお金を手にする機会が増えてきます。また株式に少しずつ投資を行ったり、なかには学生起業家としてビジネスを立ち上げるチャンスもあるかもしれません。

　一方、みなさんは卒業時にはもはや未成年者ではないため、**自分の金融行動に対する結果を引き受ける「自己責任」が求められます。**

● 金融商品をめぐるトラブル

「リスク」に対して慎重ともいえる日本の「家計」ですが、だからといって金融商品をめぐるトラブルが少ないとは言えません*。さまざまな金融詐欺や、実現可能性が限りなく乏しい投資話などによる被害はあとを絶たず、メディアでも報道されています。さらに金融商品の多様化に伴い、クレーム・苦情の多さも無視できません。金融商品とのアクセスは銀行や証券会社の窓口に加え、ネットによる取引が格段に増えています。一方、ネット取引特有のリスクやトラブルも、もはや無視できません。

私たちは、自分だけは例外、自分なら大丈夫と思うのかもしれません。しかしアンケート*によれば、金融トラブルを経験したことがあると回答した人は、13.0%にのぼります。10人に1人以上の確率です。

また図5では、少し古いデータですが金融商品にかかわる苦情の内容として、「リスク説明がなかった」「必ず儲かるとの断定的判断があった」「理解できないまま契約した」が上位にあげられています。日本の家計に特徴的な「リスクに慎重」にしても、金融商品や各種リスクの知識が乏しい状況では、かならずしも金融における失敗やトラブルを抑止するには十分ではないようです。

いったん慎重さという「心理的ブレーキ」が外れると、予想外に大胆な投資（？）を行ってしまい、結果的にみなさんの大切な金融資産は大きなダメージを受けてしまいかねません。また金融商品購入の際、せっかくさまざまな説明を聞いて学

*平成25年度「消費者白書」によると、2012年度の消費者トラブルでは、「金融・保険サービス」が相談件数・金額とも非常に多くなっています。とくに65歳以上の相談件数は4万件を超え、平均支払額（トラブル額）は約159万円とワースト1位でした。

*金融広報中央委員会「金融トラブルなどの経験」図4と同じアンケート調査。2003年実施。

図5　金融商品に係わる消費者トラブル　苦情のあった金融商品（累計件数731）

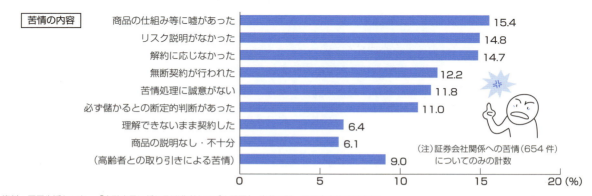

資料：国民生活センター「金融商品に係わる消費者トラブル問題」。当分の間、同調査実施の予定なし。
（注）1. 1998年～1999年までの苦情件数。
　　　2. 株式は、証券会社の倒産に関連した苦情が多く、他の商品とは苦情の内容が異なるので、年齢別、苦情の内容では集計対象には含めていない。
（出所）「暮らしと金融なんでもデータ」金融広報中央委員会（平成19年版）

ぶ機会があっても、おざなりにしてしまい、あとで自分の考えていた内容と違った、こんなはずではなかった、というケースも無視できません。(もちろん金融商品を販売提供する側における説明責任は重要であり、トラブルに際しては厳しくチェックされることはいうまでもありません。)

十分な金融知識があって初めて「自己責任」が活きてくるといえるのです。

● 「金融リテラシー」によるガイドライン

さて経済のグローバル化を背景に、多様化する金融商品を理解し選択する必要性が高まり、同時に自己責任の徹底が求められるなか、重要なのは金融教育ということで、近年では、官民挙げての金融教育が盛んになっています。

金融庁は2013年に、4分野・15項目の「最低限身に付けるべき金融リテラシー」(⇒22頁)を作成しました。その目的は、「金融リテラシーの向上を通じて、国民一人一人が経済的に自立し、より良い暮らしを送っていく」ことです。そして「健全で質の高い金融商品の提供や、家計金融資産の有効活用を通じ、公正で持続可能な社会の実現に貢献していくこと」を目指しています。

また2015年には、関係官庁をメンバーとした「金融経済教育推進会議」が「金融リテラシーマップ」(改訂版)を作成し、年齢層別に必要とされる「金融リテラシー」が下記表で示されています。

金融リテラシーマップ

金融庁をはじめ関係省庁、金融関係諸団体をメンバーとして設立された「金融経済教育推進会議」が作成した資料。家計管理、生活設計、金融取引の基本としての素養、金融分野共通、保険商品、ローン・クレジット、資産形成商品、外部の知見の適切な活用、の8つの分類ごとに重要ポイントがまとめてあり、年齢層別の「金融リテラシー」が表で示されている。

大学生は「社会人として自立するための能力を確立する時期」とされている。

家計管理(例)
○収支管理の必要性を理解し、赤字を出さない(黒字を確保する)意思をもっている
○収入(仕送り、奨学金、アルバイト収入等)、支出(学費、生活費等)を把握している
○大学進学にかかる費用は、自己の能力向上のための投資であることを理解している、他

生活設計(例)
○自分の夢や希望を、卒業後の職業との両立を前提にライフプランとして具体的に描き、その実現に向け勉学、訓練等に励んでいる
○卒業後、勤労による収入を基盤に経済的に完全に自立する必要があることを理解している
○ライフイベント表およびキャッシュフロー表を作成してみる(今後10年程度)ことを通じて、その間の生活の収支のイメージをもっている、他

● 「金融リテラシー」と「金融基礎力」

　このように国民が年齢別に、最低限必要とされる「金融分野における能力・知識」のガイドライン・スタンダードが、金融リテラシーであるとすれば、「金融基礎力」は、社会人・ビジネスパーソンとして、金融と付き合い、自分（の資産）を護り、結果に責任を持つために不可欠な力を意味します。

金融のスポットライト 「最大多数の最大理解」が可能な「金融基礎力」

　世界的にイノベーションが重視される中で、大学もグローバルな競争力を問われる時代です。ところが一方で今や「全入時代」と言われる大学には、さまざまな「基礎力」教育が強く求められています。

　2000年代半ばから、つとに強調され始めた「社会人基礎力」や「学士力」等は、a. 大学教育の質の保証やスタンダードの確保、b. 社会に出てから企業が「十分な OJT 研修」を行う余裕がなくなってきたといった背景や、時代の要請から生まれてきたわけです。

　そして実はこれらの「力」の修得は、学生のみなさんにとって非常に重要です。大学という場は、社会に出るまでに、この「力」を身に付ける最後のチャンスなのです。

　ここで登場した「金融基礎力」もまた、重要な基礎力の1つであることに注意してください。社会人にしてもビジネスパーソンにしても、金融と上手くつきあう、使いこなすことなくして、充実したライフプランを描くことはできません。

　とはいえ、皆さんは実際に初等・中等教育の段階では、科目の必修・選択上の問題や、受験による制約もあり、「経済・金融のしくみ」を体系的に学ぶ機会は必ずしも多くありません。

　一方ビジネスではもちろん、社会人になると、金融行動がまさに日常化する中で、さまざまな金融商品を判断・選択したり、自分の金融資産を護る力が求められ、自己責任が要求されるわけです。

　これでは、下手をすると、序章で出てきた「孫子」に例えれば、「彼を知らず、己を知らざれば、戦う毎に必ず殆し」つまり「必敗の方程式」の実現になってしまいかねません。

　「金融基礎力」とは、ビジネスや社会人生活で避けて通れない「金融」分野で、大学生が社会人になるまでに修得が必要と考えられる内容について、「最大多数の最大理解」を目標に、設計・提示された「プログラム」なのです。内容は繰り返しになりますが、以下5項目に尽きます。

● 金融のしくみを理解する（ゲームでもサッカーでも、まずはルールと基本が大事）

● 基礎的な金融用語を身に付ける（ネットやメディアへのアクセスを容易にします）

● リスクとリターンとの関係を把握する（金融に限らず、すべてのビジネスの要です）

●金融システム（金融機関・市場・政策などの枠組み）を理解する（つまり「彼を知る」ことでしょう）

●自己判断で選択し、結果に責任を持つ（つまり「己を知る」ことです）

第1章 ビジネスに不可欠な「金融」
金融基礎力と金融リテラシー

金融学は総合的な学問
幅広い知識と「金融基礎力」を身につけよう！

金融の勉強を始めたみなさんは、金融の分野に経済学の内容が登場したり、会計・経営学、さらには法律学に出てくるキーワードが使われているのに気が付いたのではないでしょうか。

実際、金融学は、多くの分野の学問と非常に密接に関連しています。これは金融を学ぶために、多くの分野の学問が必要というよりは、金融が総合的な学問であり、金融を学ぶことで、関連するこれらの分野の知識をも得られると考えるべきでしょう。

図1は、金融学がどのような分野の学問と相互に関連しているのかを示した見取り図です。経済学系（マクロ・ミクロ・日本経済・国際経済）はもちろん、法律学（より詳細には、民法・商法・新会社法、各種金融法などが中心）、財政学（国のお金のやりくりの学問ですから当然ですね）その他が直接関連を持っています。

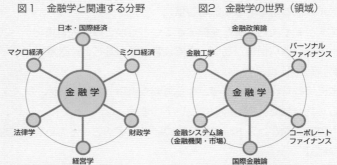

図1　金融学と関連する分野　　図2　金融学の世界（領域）

図2は、「金融学」の世界（領域）を示したものです。大学や大学院では、分野ごとにそれぞれ独立した履修科目として学ぶことが多いでしょう。しかし心配するには及びません。繰り返し述べているように、金融は知識とその活用が両輪であり、生活やビジネスに直結した「実学」なのです。本書で強調している「金融基礎力」を身につけることで、金融の世界は開けてくるでしょう。

■本書の構成と流れ

本書『プレステップ金融学』は、このようにみなさんが社会人・ビジネスに関わる際に不可欠な「金融基礎力」を、大学在学中に効果的に身につけるお手伝いをします。

2章から13章までは、以下のように大きく7つのエリアに分かれています。

金融の仕組み（2・3章）、**リスクとリターンの関係**（4章）、**金融ビジネスのプレーヤーと市場**（5・6章）、**家計と金融──金融商品**（7・8・9章）、**企業と金融──資金調達と金融機関との取引**（10・11章）、**金融政策の役割**（12章）、**金融の危機管理**（13章）

キーワードを学ぼう

金融リテラシー

　金融庁は2013年、「最低限身に付けるべき金融リテラシー」として、以下の4分野・15項目を提言しています。また日本証券業協会は、「金融リテラシー」を「金融に関する知識や情報を正しく理解し、自らが主体的に判断することができる能力」と定義したうえで、「社会人として経済的に自立し、より良い暮らしを送っていく上でかかせない生活スキル」と説明しています。

● 最低限身に付けるべき金融リテラシー（金融庁）

分野1　家計管理
　①適切な収支管理（赤字解消・黒字確保）の習慣化

分野2　生活設計
　②ライフプランの明確化、ライフプランを踏まえた資金確保の必要性の理解

分野3　金融知識及び金融経済事情の理解と適切な金融商品の利用選択
【金融取引の基本としての素養】
　③契約にかかる基本的な姿勢の習慣化
　④情報入手先や契約相手が信頼できるかどうかの確認の習慣化
　⑤ネット取引は利便性が高い一方で注意点があることの理解
【金融分野共通】
　⑥金融経済教育において基礎となる重要な事項（金利、為替、リスク・リターン等）や、金融経済情勢に応じた金融商品利用選択についての理解
　⑦取引の実質的なコスト（価格）について把握することの重要性の理解
【保険商品】
　⑧自分にとって保険でカバーすべき事象が何かの理解
　⑨カバーすべき事象が発生した時の保障の必要額の理解
【ローン・クレジット】
　⑩住宅ローンを組む際の留意点の理解
　⑪無計画・無謀なカードローンやクレジットカード利用を行わないことの習慣化
【資産形成商品】
　⑫より高いリターンを得ようとする場合にはより高いリスクが伴うことの理解
　⑬資産形成における分散（ポートフォリオ）の効果の理解
　⑭資産形成における「長期運用」の効果の理解

分野4　外部の知見の適切な活用
　⑮金融商品を利用する際、外部の知見を適切に活用する必要性の理解

第2章 金融の基本的な働き
金融は経済を動かす循環機能

さおり先輩、ネットで調べたらお金は経済の血液であり、金融はお金を運ぶ血管だって強調してました。もし太い血管が切れたら経済の命にもかかわりますね。

金融の役目は、お金が不足しているところと余裕があるところを結び付けて、うまく流れるようにすることなの。大企業だってお金が回らないと倒産、つまり死んでしまうわ。

それでお金の貸し借りが必要になってくるんですね。でも、お金を借りるのはタダではなくて、利息をとられますよね。利息というか金利ってなんで決まるのかな？

金利はお金の「値段」といってもいいわ。まずお金の需要と供給が重要よ。借り手（需要）が多くて貸し手（供給）が少ない場合は全体的に金利が高くなるのはわかるでしょう？ それに、お金を貸す相手によっても金利が違うのよ。

えー、そうなんですか？ たしかに僕ら学生にお金を貸してくれるのは奨学金以外には、金利の高い消費者金融くらいかな。

まあ、貸す側にしてみれば、貸してもちゃんと返ってこない不安があると価格を高くせざるを得ないのよ。

そうか、だから借りやすいローンになるほど利息が高いんですね。ということは借金は借りる方も貸す方も慎重にしないといけないんだ！

「お金」の機能は進化する

みなさんは買い物をするとき、どうやって支払いをしていますか？

最近、財布の中にあまり現金を持ち歩かない人も増えてきています。たしかに今の世の中、現金のほか、「スイカ」をはじめとするICカード、クレジットカードなど、いろいろな方法がありますよね。ICカードは電子マネーですし、クレジットカードは預金から後で引き落とされます。さらには最近、スマホのアプリを活用した「スマホ決済」も使われてきています。つまり現金以外にも同様の機能を持つ新たな「お金」があるといってもよいでしょう。

ではビジネスではどうでしょうか。

企業間でのお金のやりとりは、金融機関をとおして預金を使って取引されることがほとんどです。個人は主に普通預金を、企業は普通預金だけでなく、手形、小切手を利用できる当座預金を使います。

このように現金と同じように使える預金を「預金通貨」といいます。世の中に出回っているお金の総量（マネーストック）の大半を占めているのは、じつは現金ではなく、この預金通貨なのです。いずれにしても通貨は日本なら円（¥）、米国ではドル（US＄）というように、国によって異なるのが一般的です。

では最近有名になった「ビットコイン」はどうなのでしょうか？　グローバル時代のニーズを背景に、ICT革命による技術（ブロックチェーン）がネット空間に創りだした「仮想通貨」は、将来的にはこれまでの通貨（法定通貨）の枠組みを変えていく可能性もあり注目されています。

「お金（通貨）」の機能

みなさんが日常使っているマネー、つまり「お金＝貨幣」は、紙幣（日本銀行が発行するお札）と硬貨（政府―造幣局が発行するコイン）のことであり、**現金通貨**と呼ばれています。

図1
お金（通貨）の機能

現金通貨の機能とは何でしょうか？　①さまざまなモノ・サービスの「価値」を測る物差し、②「価値」を貯めていく手段、③広くモノ・サービスを取引／交換する方法（支払い・決済手段）の3つの機能が挙げられます（**図1**）。

では「お金」は「現金通貨」だけでしょうか？　通常、すぐ使わない場合に銀行に預ける「預金」（普通預金など）も、お金の①～③の機能を持ち、「現金通貨」とほぼ同様の役割を果たす通貨の一種です。（**預金通貨**と呼ばれます。）

しかし現在の私たちは「現金・預金通貨」以外にも、こうした機能を部分的に果たしているさまざまな手段を頻繁に使用しています。とくに③の発達・高度化は

著しく、さまざまな「支払い（決済）手段」として、クレジットカード、さらには電子マネー（⇒33頁）などが登場してきています。たとえばSuica（スイカ）に代表される電子マネーは、現金の代わりに身近で利便性の高い支払手段として使用される範囲がますます拡大しています。これらも新しいお金といえるでしょう。

さらにビットコインに代表される仮想通貨も登場しました。ビットコインはオンラインネットワーク上で流通・取引され、通貨的価値を有し、送金・決済手段として利用されていますが、一方で価値の変動が激しいため、投機の対象にもなっています。

金融の基本モデル

金融とは お金が必要でしかも不足している**資金需要者**（企業など）と、お金に余裕がある（余っている）**資金供給者**（家計など）とを結びつけて、両者の間にお金が**循環する**（流れる）ようにすることです。

わかりやすいモデルとして、A：資金需要者とB：資金供給者間で、お金の貸し借りを行う場合を考えます（図2）。

まずB（資金供給者）がA（資金需要者）にお金¥を貸して、Aが半年後に返す場合を考えてください。半年後にはAは、Bに借りたお金¥に、**プラスアルファ**@を加えて返すのが一般的です。お金のやりとりであっても、贈与や寄付の場合は、返すこともプラスアルファ（+α）も不要ですが、ビジネスとしての「金融」は、①必ず返す、②対価（+α）が不可欠です。このプラスアルファは金利・利息と呼ばれるお金です。金利はふつう1年間という期間を基準として、貸し借りし

図2　金融の基本モデル

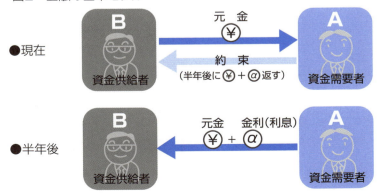

たお金（元金）に対する比率（％）で表示します（年利）。では金利・利息はなぜ発生するのでしょうか？

さまざまな金利を学ぼう

● 金利の基本的な考え方

図2で、B（資金提供者）は自分の貴重なお金を自分では使わずに、半年の間、A（資金需要者）が使うことを認めるわけです。その間、Bはお金を使えば得られるであろう満足や利益を得られません。しかも、Aが返さない（あるいは返済を待ってくれと泣きつかれる）場合もないとはいえないのです。一方AはBのお金を使って、自分の満足や利益を得ることができます。さらにAは借りたお金を株式などに投資したり、ビジネスを行って大きく儲けられるかもしれません。Aが得るメリットや機会に対して、Bが何も得られないのでは不公平ですよね。

そこでBが受け取る@プラスアルファ（金利・利息）の根拠として、

① Bが半年間お金を使わずに我慢した「**忍耐料・報酬**」

② 半年の間に、Aが倒産（夜逃げ？）するかもしれない「**リスク（危険）を背負った見返り**」（リスクについては4章参照）

③ 現在のお金の価値が、時間の経過と共に物価の値上がり（インフレ）などで、
将来目減りしてしまう（可能性がある）ことへの補償

などが考えられるわけです。一方、+αを払うAの立場からすると、金利はお金を入手するための「**コスト**」ともいえるでしょう。こうしてみると金利は大胆にいえば、お金の**「価格」的側面**を示しています。

● 金利の区分・種類

このような金利は、いろいろな視点から以下の（1）〜（4）に区分できます。

（1）単利と複利

単利：「元金」にのみ利息がつく

複利：「元金と利息の合計」に利息がつく

金利の区分

単利 ⟷ 複利
名目金利 ⟷ 実質金利
短期金利 ⟷ 長期金利
市場金利 ⟷ 政策金利

この他にも、変動金利と固定金利（➡キーワード）、自由金利と規制金利などの区分があります。

みなさんが100万円のお金を銀行に「定期預金」で預けたとします。預金金利は1年で5％としましょう。この場合、みなさんは銀行に100万円を貸したことになり、当然、1年後に元金（金利）100万円＋利息（金利）5万円を受け取れますね。では、さらにもう1年間、定期預金を続けると、2年目の利息はいくらになりますか？

答えは1年目の**利息（5万円）を使ってしまうかどうか**で異なります。

①受け取った利息を自分で使うこととし、2年目に銀行に預ける金額が前と同額の100万円であれば、2年目の利息は1年目と同じ5万円です。

②元金と利息を含めて預けた場合には、2年目の元金は105万円、利息は5万2500円（105万円×5％）となります。そして3年目の元金は、さらに2年目の元金＋利息の合計額（105万円＋5万2500円）、つまり110万2500円へと増えていきます。**これを複利といいます。**

前ページの①は**単利**と呼ばれ、元本の100万円が変わらないので、利息は何年たっても毎年5万円です（したがって10年預けて銀行から受けとる金額は元金＋利息で150万円）。②は**複利**と呼ばれ、元本が毎年増えるにしたがって、利息も1年目は5万円、2年目が5万2500円、3年目で5万5125円と毎年増えていきます。10年後には元金＋利息で162万8891円となります。

複利の計算（元金100万円、金利5％の場合）

1年目：元金　100万円　　　　　　　　　　　　利息　5万円

2年目：元金　（100＋5）万円　　　　　　　　 利息　5万2500円

3年目：元金　〔（100＋5）万＋5万2500〕円　 利息　5万5125円

もちろんいまどき5％の預金利息はなかなかありませんが、じつはこのことは、とくにお金を借りる場合に注意しなくてはなりません。お金を借りたあと、毎年の利息が払えず返済を延期してもらうことになった場合、利息を元金に組み入れて借りてしまうと、複利計算により、元利合計はどんどん増えていってしまうので注意が必要です（⇒33頁「72の法則」）。

（2）名目金利と実質金利*

モノやサービスの値段（物価）が全般的に上昇することをインフレーション（インフレ）といいます。**インフレが進むと、同じお金で買えるモノやサービスは減ってしまい、お金の価値は下がることになります。**

たとえば2018年のインフレ率が2％と予想されるとします。これを**期待インフレ率**といいます。みなさんが2017年に銀行に100万円預金すれば、定期預金金利を1％として1年後には1％の利息を加えた101万円を受け取ることになります。しかし、2018年の物価は2％上昇が予測されるので、2017年に100万円で買えたものは102万円に値上がりしてしまうのです（つまり100万円では買えない）。

2018年には金利はたしかに1％得られる（名目金利）のですが、購買力（物価）でみた預金の価値は実はマイナス1％なのです。これが実質金利です。

＊名目金利と実質金利
名目と実質の違いはGDPに見ることができます。名目GDPは実際に算出された生産の合計値ですが、実質GDPは名目値を物価の上下を計算に入れて修正した値です。

この場合の実質金利は、以下の式により

1％（名目金利）－2％（期待インフレ率）＝▲1％となります。

> 実質金利＝名目金利（一般に表示される金利）－期待インフレ率

それでは、デフレの場合はどうでしょうか？ デフレとはインフレの反対で、物価が全般的に下落している状況です。インフレ率がマイナスになるともいえます。この場合、上の式の「期待インフレ率」の部分がマイナスになるので実質金利は名目金利よりも高くなります。

たとえば、期待インフレ率がマイナス2％（つまりデフレ）の時に金利1％でお金を預けた場合の実質金利は、1％（名目金利）－▲2％＝3％となります。したがって負債（借金）がある場合にはインフレのときよりデフレのときのほうが返済負担が重くなるので注意が必要です。景気が悪い、つまりデフレの際に名目金利が低くても、企業が借入れ（借金）に慎重なのは実質金利でみた返済の負担が重いからです。

（3）短期金利と長期金利

お金の貸し借りの期間と金利の関係はどうでしょうか。たとえば、みなさんが銀行に定期預金を預ける場合、1年定期預金の利息は、通常は3カ月定期預金の利息より高くなっています。通常は期間が長いと金利も高くなるのが普通です。

一般的に、短期間の借り入れの場合に「短期金利」、長期間の借り入れの場合は「長期金利」が適用されます。「短期」とは通常、期間が1年以内の金融取引で、銀行間で資金の貸し借りを行うコール市場の金利（コールレート）が基準となります。

これに対して「長期金利」は1年超の金融取引で使用されます。たとえば期間10年の国債（国が発行する債券）や設備投資などで企業が銀行から長期借入れを行う場合に使われる金利です。このように「短期金利」（コール市場など）と「長期金利」（公社債市場など）では基準（指標）が異なっています。

金利と期間（金融商品の満期日、つまり返済期日までの期間）との関係を、金利の期間構造と呼び、期間に対応する金利をグラフで表示します。これをイールドカーブ（利回り曲線）と呼びます。満期日（返済期日）までの期間が長い方が金利も高くなる、つまり右肩上がりとなるのが「順イールド」、期間が長い方が金利が低くなる右肩下がりを「逆イールド」と呼びます（図3）。

図3　順イールドと逆イールド

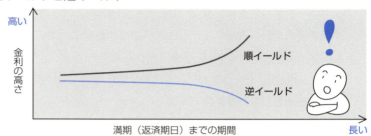

一般に期間が長い方が将来の不確実性が高まることから、順イールドが通常ですが、将来、景気の悪化を背景にいっそうの金利の低下が予想される場合、逆イールドが生じます。

（4）市場金利と政策金利

金融取引が行われる場が金融市場です。金融市場で決定され、使用される金利を市場金利と総称します（3章）。

市場金利で基準となるのは短期金利です。金融機関同士の短期資金のやりとり（貸借）に使用される金利（コールレート）が代表的な短期金利です。

もう1つ重要な金利が政策金利です。日本の場合、政策金利とは中央銀行である日本銀行が金融政策を行うために使う金利のことです（12章）。日本銀行は、市場金利に影響をあたえるために、伝統的に日本銀行による市中銀行への貸出し金利（公定歩合）を政策金利として変動させてきました。しかしバブル崩壊（⇒77頁）により、1990年代に入り日本経済が長期に低迷した際、公定歩合政策だけでは十分でなかったことから、日本銀行は市場金利であるコールレートに直接的に影響力を行使するようになりました。以来、コールレートが政策金利化しています。

そして登場したのがゼロ金利政策です。日本銀行はコールレート（最も期間の短いオーバーナイト返済レートが対象）の金利をゼロにするために、さまざまな金融調節を行いました。さらに2016年2月からは、政策金利としてマイナス金利が導入されました（⇒32頁）。

マネーストックの見方

金利がお金の「価格的側面」を意味するとすれば、マネーストックは「量的側面」に相当します。マネーストック（以前はマネーサプライと呼ばれていました）とは世の中に流通しているお金の総量（残高）を示しています。経済や物価の動向には金利だけでなく、お金の量（マネーストック）も重要な役割を果たします。

マネーストックとは、民間（ただし金融機関を除く）や地方公共団体が保有する通貨の合計（残高）を示します。お金の量は膨大ですが、お金の量と物価の関係（インフレ／デフレ）が重視されるようになると、政策当局（日本銀行など）が金融政策*を行うためには、民間全体に流通しているお金の量を統計的に把握する必要がでてきたのです。

＊金融政策については12章参照。

世の中には、現金などのほか、さまざまな金融商品（株式など）が存在しますが、どこまでをマネーストックとみなすのでしょうか。

マネーストックの対象となるのは、主に**現金通貨**と**預金通貨**です。預金通貨は流動性を基準としてM1、M2、M3などに分類されています。預金通貨には、普通預金や定期預金など種類によって、即座に現金通貨に換えて使用できるかどうかという流動性に差があるためです。普通預金ならいつでも引き出せ（要求払い預金*）、あるいは取引金額を振り込み、引き落とすといったことができます。現金通貨と、最も容易に現金化できる預金通貨（**要求払い預金**）の合計が**M1**です。

＊**要求払い預金**
普通預金など、いつでも預金者が引き出せる預金のこと。

これに対して、同じ預金通貨でも**定期預金**は、一定期間払い戻しをしない条件になっており（途中解約はできますが、利息面で不利益を受け、手続きもやや複雑です）、流動性の面では、**M1**より低くなります。これを預金通貨（要求払い預金）と区別して準通貨と呼びます。**準通貨**はM2、M3などの指標に使用されます（図4）。現在、マネーストックの代表的な指数としては**M3**が重視されています。

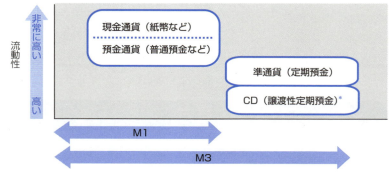

図4　マネーストック

＊**CD（譲渡性定期預金）**
第三者に自由に譲渡できる定期預金

マネーストックの分類

● **M1＝現金通貨＋預金通貨**（要求払い預金＝普通・当座・貯蓄・通知預金など）

決済手段として、最も流動性が高い。ちなみに、大雑把にいうと2014年末で現金通貨は100兆円未満、預金通貨（要求払い預金）は約500兆円です。

- **M2＝現金通貨＋国内銀行（除くゆうちょ銀行）の全預金**
  旧マネーサプライ時代のM2＋CDに相当。
- **M3＝M1＋準通貨（定期預金など）＋CD（譲渡性預金）**
- **広義流動性＝M3にさらに広く国債・投資信託などの金融商品を含む**

中央銀行である日本銀行はM1～M3といったマネーストックを直接コントロールできるわけではありませんが、金融政策（12章）によってマネタリーベースを増減させることができます。マネタリーベースはベースマネーともいいます。

金融のスポットライト 「時は金なり」——金利と割引率

はやとくんが、いま仮に「現金100万円にいつでも引き換えられる宝くじ」に当たったとします。この宝くじは国が発行しており4年間有効で、その間いつでも現金と引き換えられ、かつ国が支払いを保証していると仮定します。さてはやとくんにとって、いますぐ宝くじを100万円の現金に引き換えるのと、4年後（卒業時）に100万円に引き換えるのとでは、どちらが良い選択でしょうか？

これには、さまざまな意見（以下ABC）が出てきてもおかしくはありません。

　A．**4年後の方が良い**（ご両親の意見？）その根拠としては、
- いま100万円もらっても、すぐ遊びや旅行に使ってしまう
- お金が労せずして入ると、バイトもしないで、お金の大切さ・ありがたさが身につかない
- 卒業の時お金をもらえた方が（社会人のスタート時でもあり）心強い、などがあります。

あるいは、B．**100万円は、何年経っても100万円で価値は変わらないから同じこと**、との見方もあるでしょう。

ところがお金に時間と金利の考え方を導入する「金融学」の考え方では、金利がマイナスでないかぎり、C．**現在の100万円の方が、将来の100万円より勝る**が結論になります。

みなさんは、第2章の金利（単利・複利）の項で、100万円を複利（元金と利息の合計に利息がつく）で預けた場合の利息を計算しましたね。仮にはやとくんが100万円を年利2％で、4年間預けることができるとします。すると4年後には、
100万円×（1＋2％）（1＋2％）（1＋2％）（1＋2％）で108.2万円になります。

つまり現在の100万円は、4年後の108.2万円に等しいといえます。とすれば、逆に将来（4年後）に100万円にするには、現在いくらを預ければよいかを計算できますよね！
100万円÷（1＋2％）（1＋2％）（1＋2％）（1＋2％）により、92.4万円必要です。

つまり、金利（この場合、将来の価値を基準に考えれば割引率となります）が2％であれば、**現在の92.4万円＝将来（4年後）の100万円となります**。金融の世界では、現在と将来では同じ金額のお金であっても、価値が異なってくるのです。企業などが投資の採算性を考える場合、将来得られるお金（キャッシュフロー）を現在の価値で判断することが必要ですが、この時に使われるのが「割引率」です。

金融基礎力
レベルアップ講座

マイナス金利の意味するもの

（1）デフレが続くと経済はピンチ！

モノやサービスの価格の水準のことを物価といいます。一般に、物価が全般的に上昇している状況をインフレ、逆に下落している状況を**デフレ**といいます。デフレでは景気が悪いのでモノが売れない→売れないから安くする、といった現象が起こっています。これをお金の側から見ると、物価が下落することは、同じ内容（量）のモノやサービスを買うために支払うお金が少なくてすむわけで、「**お金の価値が上がっている**」とも考えられます。

お金を使う側からはモノやサービスが安くなるデフレは一見助かるようですが、じつは企業の売上げが減れば、給与が増えず、モノやサービスが買えなくなり、リストラや失業もふえて企業が倒産…という負の循環（デフレ・スパイラル）を招いてしまうため、経済的にはたいへん困った事態なのです（⇒12章）。

こうした事態に対応するのは日本銀行（日銀）の役割です。デフレ脱却を目指して、日銀はこれまでにも非伝統的と呼ばれるさまざまな危機管理的金融政策を実施してきました。たとえば、「ゼロ金利政策」（短期金利指標であるコールレートの金利をゼロにする）、「量的緩和政策」（市場に流通するお金の量＝マネーストックを増やす）などです。そして2016年には、ついに「マイナス金利導入」に踏み切りました。

（2）マイナス金利とは？

もちろんすべての金利がマイナスになるわけでは決してありません。日銀が導入したマイナス金利とは、民間銀行が日銀に保有している当座預金（日銀当座預金）残高の一部に、マイナス0.1％の金利をつけることです。右図でいうと銀行が日銀に置いている資金で基礎残高＋マクロ加算残高を上回る部分（政策金利残高）に対してはマイナス0.1％の金利をつける（つまり逆にペナルティとして金利0.1％を徴収する）というものです。0.1％の金利を支払わないといけないので、民間の銀行はそのお金を企業などに貸した方が得になります。企業の側も低金利でお金を借りられれば事業を広げやすくなり、その結果として雇用が生まれ、経済が活性化することが期待されました。

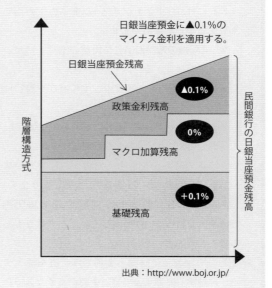

出典：http://www.boj.or.jp/

キーワードを学ぼう

72の法則

　複利計算は複雑ですが、じつは便利な算式があります。それが「72の法則」です。お金が複利計算で何年たつと2倍になるかを概算で「72÷金利」により計算できます。たとえば、4％の金利でお金を借りた場合、72÷4＝18、つまり18年で元利合計返済額が2倍になることがわかります。

　そして現在のような低金利時代では、お金を預け続けても2倍に増えるまで非常に時間がかかることが実感できます。銀行の定期預金で年利0.5％（2017年ではかなり高金利）で預けた場合、72÷0.5＝144年と生きている間は2倍になりません。

　また、この法則を応用して、たとえばお金の代わりに国のGDP（国内総生産）、金利の代わりに経済成長率をあてはめてみれば、GDPが2倍になるために要する年数がわかります。

固定金利と変動金利

　お金を借りるとき、住宅ローンや教育ローンのように、借りる額が大きく、返済が長年にわたる場合は、借りる際に固定金利型か変動金利型かを決める必要があります。

　固定金利型はローンを借りた時の金利が完済するまで適用されますが、変動金利型では市中金利の変動に従って金利が変わります。一般的に考えれば、金利の安いときには固定金利型を選択した方が得ということになりますが、低金利が長期にわたって続いている現在、悩む方も多いでしょう。

マネーサプライとマネーストック

　マネーストックとは世の中に流通しているお金の総量（残高）のことです。2008年まではマネーサプライと呼ばれていました。

　個人、金融機関以外の法人（企業）、地方自治体や地方公営企業が保有する通貨量を「マネーストック統計」として把握しています。マネーサプライ時代には指標として、M1（現金通貨＋預金通貨、ただし郵便貯金は含まず）、M2、M2＋CDが使われましたが、郵政民営化後のマネーストックでは、ゆうちょ銀行のデータを反映させたM1、M2（ゆうちょ銀行は含まれず）、M3、広義流動性の4つに区分されています。2014年度平均残高ベースでは、M1は594兆円、M2は882兆円、M3は1196兆円となっています。

電子マネー

　交通系（スイカ、パスモなど）と流通系（エディ、ナナコなど）があります。いずれもICカードを使いチャージ（プリペイド）した金額の範囲で決済できますが、流通系にはクレジット（後払い）機能があるカードもあります。2016年の電子マネーの決済件数は50億件、金額は5兆円にのぼっています。

ビットコイン

　インターネット上で個人と個人間のお金のやりとりを暗号技術とネットワーク技術（ブロックチェーン）を使って可能にした「仮想通貨」のことです。ブロックチェーンとは、過去の取引すべてを記録し、ネットワーク上で共有する技術であり、分散型ネットワークとして注目されています。

第3章 「金融システム」と「金融市場」
金融のスタイルを学ぼう

金融業界ってこれまで採用が多くて、就活ではけっこう人気なんですよ。でも正直いうと僕の場合、銀行や証券会社のビジネスってちっともわかってないんです。

証券会社と銀行では金融のスタイルが大きく違うの。お客さんは、証券会社を通じて企業の株式や債券を買うわよね。そのお金はそのまま企業の資金になるの。この流れが「直接金融」ね。

貸し手であるお客さんのお金が直接、借り手や投資先に流れるから「直接金融」なんですね。

つぎは、銀行よ。お客さんは銀行にお金を預けて利息をもらうだけね。銀行は独自に集まったお金を使って資金が必要な企業に貸すわけ。借りた企業と預金者の間に銀行が入る。これが「間接金融」なの。

お客の立場から言うと直接金融の金融商品では、自分で投資先を選んだ分、損も得も自己責任だけど、間接金融の場合はリスクは銀行などの金融機関が負うから、よほどのことがないかぎり損することはないですね。

でも、最近では投資ファンドや投資信託という、その中間のようなシステムが拡大しているの。投資家から集めた資金をどう運用するかの判断を任せてしまう点は「間接金融」に近いけど、投資のリスクや結果はすべて投資家が負う点では「直接金融」に近いわね。

第3章 「金融システム」と「金融市場」
金融のスタイルを学ぼう

金融のスタイルとマーケット

　2章では金融の基本的な働きとして、金利のしくみや種類について学びました。さらに金融の全体的な枠組みを理解するには、「金融のスタイル」と「市場（マーケット）」を知る必要があります。金融の伝統的なスタイルは貸し手と借り手の間に入って独自に金融を仲介する機関の有無によって、大きく分けて直接・間接に区分されます。

　まず、間接金融＝銀行・保険会社、直接金融＝証券会社と大別して覚えておきましょう。

1．間接金融と直接金融

　間接金融では、銀行や保険会社が預金者や保険契約者の資金を使って、企業などに貸し出して金融仲介を行います。これに対して、投資家が資金需要者（企業や国など）が発行する株式や債券を証券会社を通じて購入し、資金が直接、資金需要者に流れるのが直接金融です。一方、直接・間接どちらとも分類できない「ハイブリッド型」金融の比重が急速に増しつつあります。各種ファンドを使った金融スタイルです。

2．新しい金融

　これまで日本では高度成長期（1960～70年代）を通じて、企業も家計も間接金融優位の時代が長く続いてきました。しかし80年代以降、企業は大企業を中心に銀行依存度が低下しました。さらに現在は家計も超低金利時代が続くことから、NISAなどを活用して少しでもお金を増やそうと、株式や投資ファンドなどに関心を持つ人が増えてきています。

3．金融のスタイル

　金融の取引は金融市場で行われます。市場は預金や貸出など「相対型」の市場と、狭義の市場（いわゆるマーケット）に分かれます。マーケットについては、具体的に何が行われているかは見えづらいのが普通です。グローバルな金利の変動、株式相場などはニュースでも話題になりますが、より正確に理解するためには、金融の指標を読み取る技術や経済情報などの幅広い知識が必要となります。3章では以下①～⑥で金融のスタイルとマーケットの基礎を学びます。

　　①直接金融方式：証券会社が主体
　　②間接金融方式：銀行、保険会社が主体
　　③ハイブリッド型金融：ファンド型金融
　　④短期金融市場：インターバンク市場、オープン市場
　　⑤長期金融市場：債券市場、株式市場
　　⑥証券化金融：金融資産（ローンなど）を加工し、有価証券に転換

金融のスタイル

　2章で「金融」とは、お金が不足している者（資金需要者）に余っている者（資

金供給者）からお金が流れることだと説明しましたが、そのスタイルにはさまざまな種類があります。市場を舞台として、資金需要者と供給者とが直接結びつく**直接金融方式**と、金融機関が資金需要者と供給者にそれぞれ個別に取引を行い、両者の橋渡しをする（金融仲介といいます）**間接金融方式**の２つが代表的なスタイルです。しかし、このどちらにも分類できない金融方式（強いていえばハイブリッド型と命名されます）も盛んに使われています。

本章では、ハイブリッド型の代表として投資ファンドなどのファンド型金融について学びましょう。

直接金融と間接金融

● 直接金融方式

図１でＡ：資金需要者（借り手）とＢ：資金供給者（貸し手）が、金融市場で結びつき、お金がＢからＡに対して、直接流れる金融スタイルのことです。この場合、

①資金需要者は、さまざまな**有価証券**＊を発行します。有価証券のことを本源的証券ともいいます。株式や債券などのことで、それ自体価値を持ち、市場で売買・取引され、流通性があります。

②有価証券を、市場を介して（通常、証券会社などが両者の間に立って、取引をつなぎます）資金供給者が取得する（買う）ことによりお金が流れます。資金は、供給者から需要者に直接移転するわけです（**図１**）。

＊有価証券
株式や債券については、代表的な金融商品として、７章（債券）、８章（株式）でくわしく学びます。

図１　直接金融

● 間接金融方式

これに対して間接金融では、資金需要者（借り手）と資金供給者（貸し手）との間に、第三者として銀行などの金融機関**（金融仲介機関）**が存在します。

①資金供給者のお金は、いったんこの金融仲介機関に集中します。

②金融仲介機関は資金供給者に対して、資金を受け取ったことを確認する**証拠証券**＊（預金通帳や証書）を発行します。これは有価証券ではなく、「間接証券」で

＊証拠証券
銀行などの金融機関の資金提供者（預金者）への債務を書面化したもの。

第3章 「金融システム」と「金融市場」
金融のスタイルを学ぼう

す。あるいは直接金融の「本源的証券」に対して「第二次証券」とも呼ばれます。

③金融仲介機関は、資金供給者の資金に基づくものの、自らの判断で資金需要者にお金を流します（貸出、ローン）。

④その際に、資金需要者に手形などの「本源的証券」の差し入れを求める場合があります（手形貸付*）。もちろん金融仲介機関が、貸出ではなく、資金需要者の発行する有価証券を、市場を通じて自ら取得、売買する場合もあります。

⑤**図2**では、資金の流れは、**B**資金供給者と**C**金融仲介機関（図中①・②）、**C**金融仲介機関と**A**資金需要者（③・④）に、それぞれ分断されており、**A**・**B**両者は直接関係がありません。間接金融では、直接金融とちがって**B**（資金供給者）は**A**（資金需要者）のリスクを負担することはないのです。

⑥資金授受に際して発行される証券に注目すると、資金供給者は、有価証券（本源的証券）ではなく、証拠証券（間接証券）を得ることになります。

⑦証券の流れは、お金の流れと逆になり、本源的証券が**C**金融仲介機関により、間接証券に変換される（資産変換）と見ることもできます（**図2**）。

> *手形貸付
> 銀行の貸出の一種で、借入者は銀行に対して、借入額と同額の手形を差し入れます（11章）。

図2　間接金融

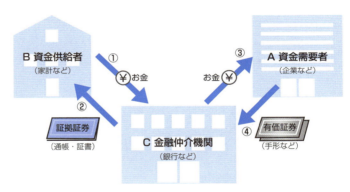

直接金融と間接金融の特徴を比較すると**図3**のようになります。

図3　直接金融と間接金融の比較

金融スタイルの違い	発行する証券	証券の発行者	リスクの負担者(注)	資産変換の有無
直接金融	本源的証券（株式・債券）	資金需要者(A)	資金供給者(B)	なし
間接金融	間接証券（通帳・証書）	金融仲介機関(C)	金融仲介機関(C)	あり

（注）この場合リスクとは、資金需要者（A）が倒産などで返済できない、あるいは資金需要者（A）の発行する証券の価値が下落するなどの「将来の不確実性」のこと

ハイブリッド型金融

金融のスタイルには、直接金融・間接金融のどちらとも分類できない方式があり、しかもその比重は増しています。これらは、直接金融・間接金融のそれぞれの特徴を部分的に持つため、ここでは便宜的に「ハイブリッド型」金融と呼びます。

ハイブリッド型金融にはさまざまな形態がありますが、メディアなどに頻繁に登場し、とくに注目を集めている方式が**ファンド型金融**です。

● ファンド型金融

ファンドとは、さまざまな投資家から集めた資金を1つにまとめた「入れ物・箱（基金）」の総称です。この「入れ物・箱」はさまざまな種類＊があります。まず不特定多数の一般投資家から小口資金を幅広く集めて、規模の大きな「入れ物・箱」を作り、あらかじめ公表した方針に基づき、一般投資家の代わりに専門家が投資・運用し、成果を投資家に還元する**投資信託**＊は金融商品の1つであり、これもファンドの一種です（契約型のファンド）。この場合のファンドは金融商品として公開されるもので、誰でも購入できます（公募）。

もう1つは、限られた投資家から資金を集め（私募）、設立したファンドという組織が、投資家のために、金融の専門家を使ってさまざまな投資を行って高い利益を得るという金融スタイルです。

こうしたファンドを使った金融が**ファンド型金融**と呼ばれます（**図4**）。

＊ファンドの種類
・金融組織としてのファンド（ヘッジファンド・産業再生ファンドなど）
・金融商品としてのファンド（投資信託など）

＊投資信託については9章参照。

図4　ファンド型金融

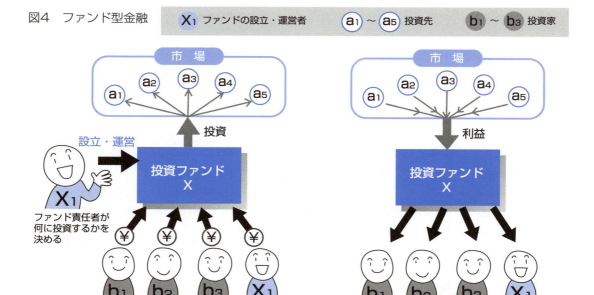

ファンド型金融では、間接金融と同様に、金融仲介を行う金融機関が登場します。これは**投資ファンド**と呼ばれます。銀行・証券会社・その他金融機関が実質所有する投資ファンドもあれば、独立系（有名投資家が設立・運営）、外資系など、その実態はさまざまです*。また政府（機関）が出資する官民ファンドも増加しています。

*投資ファンドの種類は6章参照。

① **投資家**（b_1〜b_3）：投資信託の場合は、不特定多数の一般投資家が少額から投資できますが、投資ファンドの場合は、大口投資を行う、限定された数の投資家を対象としています。

② **投資ファンド**（X）：株式会社や、投資事業有限責任組合（欧米ではリミテッドパートナーシップ）などの形態が多いです。ファンドを設立した個人・金融機関（X_1）も出資して、投資家に対して責任を持ちます。

③ **投資先**（a_1〜a_5）：投資先はファンドの種類によって多種多様（ファンドの種類や目的により異なります）で、ファンドの責任者*が決定し、投資を行います。一般に高い利益（ハイリターン）を目標としています。
投資による利益は投資家・出資者に分配されます。

*実際にはファンドの運用委員会やファンドマネジャーが主に行います。

④ **リスク**：すべて投資ファンドへの出資者・投資家（X_1, b_1〜b_3）が負担します。この点では直接金融と同じです。

⑤ **その他の特色**：私募のため、情報開示（ディスクロージャー）は限定的、税制上のメリットを得るので、ヘッジファンドなどがタックス・ヘイブン（⇒43頁）に設立されることが多いのです。またファンド資金の数倍〜数十倍を借り入れ（レバレッジ）、巨額の取引が行われます。

金融市場とその役割

● お金の需要と供給

「金融の基本モデル」（2章）でも学んだ、資金需要者と資金供給者との間でお金をやりとりすることを**ファイナンス**といいます。

ファイナンスは、お金をやりとりする主体が個人か企業かで、大きく**パーソナル・ファイナンス**、**コーポレート・ファイナンス**に分かれます。個人の場合では、一般にお金を投資する（資金運用）、企業の場合は、お金を集める（資金調達）ことがテーマとなっています。こうしたお金を取引する「場」を**金融市場**と呼び、金融取引を業（ビジネス）として行う企業や機関を**金融機関**といいます。金融機関については本書の5章・6章で詳しく学びます。ここではキーワードとして、以

下の内容を理解しておきましょう。

● **金融市場**

金融取引が行われる「場」を広く「金融市場」と定義し、一般に**マーケット**と呼びます。「金融市場」では、資金需要者と資金供給者を結びつける取引が大量かつ持続して行われています。それぞれの金融取引の種類に応じて**株式市場、債券市場、外国為替市場**などと呼ばれています（6章）。

● **金融市場の区分け**

金融市場は金融取引が行われる場であり、金融取引の種類で区分されます。まず資金調達・運用の場としての市場です（**図5**）。①**一般に多数の金融機関や投資家が参加する場（狭義の金融市場）**に加えて、②**銀行と預金者、銀行と貸出先（企業・個人）のように相対取引を含む場合（広義の金融市場）**もあります。

①は、③**短期金融市場**（通常期間1年未満の資金取引、マネー・マーケット）と④**長期金融市場**（1年以上の金融取引、キャピタル・マーケット、資本市場）に区分されます。株式・債券市場は④の代表です。

また取引金融商品で市場を区分すると、各国通貨を取引する**外国為替市場**、デリバティブ*を取引する**デリバティブ市場**などがあります。

＊デリバティブ
102頁「デリバティブとは」参照。

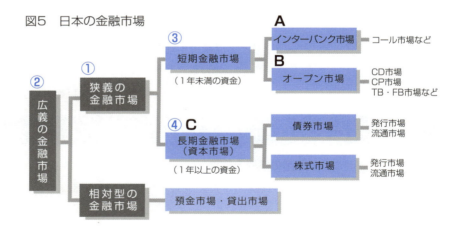

図5　日本の金融市場

● **主な金融市場**

A　インターバンク市場（コール市場など）　参加者が金融機関に限定されており、金融機関同士の主に短期の資金調達の場です。その金利指標である**コールレート**＊（とくに翌日返済する無担保コールオーバーナイト金利）は、日本銀行の金融政策の目標金利として使用されます。

＊米国のコールレート
米国で日本のコールレートに相当するのがFF（フェデラルファンド）レートです。米国の中央銀行にあたるFRBが政策金利の対象としており、グローバルに注目されています。

B　オープン市場　一般企業も参加できる市場。さまざまな短期金融商品を取引することで、短期資金の調達・運用を行っています。主要なものとしてCD市場（金融機関発行の譲渡可能定期預金）、CP市場（コマーシャル・ペーパー、信用力ある企業が発行する無担保の短期有価証券）、短期国債（TB）・政府短期証券市場（FB）など。

C　資本市場　長期金融市場は資本市場とも呼ばれます。資本（自己資本・他人資本）を調達する場であり、債券市場と株式市場から成り、それぞれ発行市場と流通市場があります。

「築城3年、落城3日」──信用の大切さの話

　このフレーズは「長期（3年）にわたって一生懸命努力して築き上げたもの（城）が、ちょっとした油断などによって、きわめてわずかな間（3日）に失われて（落城）しまう」という警句なのですが、ビジネス社会では私たちがさまざまな局面で実際に直面してしまう、こわい「現実」でもあります。もちろん金融ビジネスについても然りです。というと、みなさんが連想するのは、長年貯めてきたお金（資産）を投資に失敗して一挙に失うことかもしれません。しかしそれだけではないのです。じつは、この警句が最もあてはまるのは、「信用」「信頼」という「無形な資産の城」についてなのです。

　これまで日本では、種々の偽装問題（食物、産地、原材料、耐震強度など）が多発し、そこで信用を失った企業は、ほぼ再起不能に追い込まれる状況が多くみられました。今まで疑いもなく受け入れられていた商品やサービス、企業が不信にさらされた場合、一挙に信用が失われてしまうからです。もちろん企業側に原因があるにしても、その直後の対応や危機への対処の仕方次第で、企業が立ち直る（落城せずに済む）ことは不可能ではありません。

　日本では、企業の製造物責任が問われるなかで、これまで危機に直面した製造業各企業は信頼再構築のために、自動車産業のリコール制度をはじめとして非常に努力を払ってきました。それでも大手企業のさまざまなルール違反がモノ作り大国の信用を揺るがす事態が生じています（残念ながら2017年も例外ではありませんでした）。一方、金融・サービス分野では、無形のマネーやサービスが取引される中で、モラルハザードやブラック企業といったトラブルは多く、こうした面での危機管理は優れているとはいえない状況です。

　さらに1990年代の金融機関の不良債権問題にしても、保険業界の不払い問題にしても、その処理が極めて長期化した1つの原因は、金融業界全体として情報開示や、説明責任の点で、消費者や利用者に対する信頼回復努力が十分でなかった点にあるといえましょう。規制産業が多いこともあって業界横並び的対応が多いのも背景として指摘されています。これは日本だけの問題ではありません。欧米で発生し本章でも取り上げたサブプライムローン問題は、信用を急速に失った金融商品を大量に保有していた金融機関が次々に経営危機に陥る（落城）という金融危機ですが、失われた信用を回復するのは容易なことではありません。

金融基礎力レベルアップ講座

証券化金融

証券化とは、一般に金融機関が保有する小口・多数の貸出債権（住宅ローンなど）を集めて、「資産のプール」を作り、信用度・期日などを基準にまとめ、複数の債券を作って発行するものです。金融機関が貸出などの保有資産を切り離し（売却し）、これを一般投資家が市場を通じて有価証券（債券）の形で購入するスタイルです。間接金融の直接金融化ともいえます。証券化は自己資本比率規制（11章）が厳しくなるなか、銀行の総資産を減らせるメリットがあります（図）。

まず、資産のプールを買い取るための特別目的会社（SPC*）が必要です。SPCは文字通り、証券発行という特別目的のためにのみ設立されます。金融機関Ⓒは、資産のプールをSPCに売却します。SPCは同時に資産プールを証券化し、市場で投資家に販売し、その代金を金融機関に支払います（図③～⑥）。つまりSPCは資産プールを買い取る目的で証券（債券）を発行するのです。この証券をABS*と呼んでいます。この証券の元利金支払いはすべてこの資産プールによって行われます。売却後の資金プール管理は、サービサー（管理専門会社、Ⓒの場合もある）がSPCと事務委託契約を結んで担当します。また証券の信用を補完するために部分的な保証をつけたりします。

こうして作られたABSをまとめて、さらに加工する証券化も行われたため、通常の証券（国債など）と異なる複雑な構造となり、「仕組み債」とも呼ばれました。なお、2007年後半以降、「証券化金融」では、米国で発生したサブプライムローン問題が非常に深刻な影響を与えており、一時の勢いはありません。

図　ローンの証券化

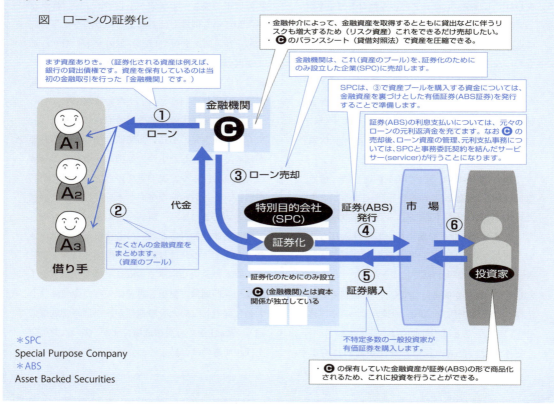

*SPC
Special Purpose Company
*ABS
Asset Backed Securities

キーワードを学ぼう

 米国サブプライムローン

　一般に、住宅ローンは、住宅の元利金返済ができない場合に備えて、借り手が購入した土地・建物が担保として付いています。つまり貸し手が返済の代わりに処分できるということで、日本では抵当権、米国はモーゲージといいます。住宅ローンは貸し手にとって長期にわたる安定したキャッシュフローが得られる反面、資金回収に時間がかかるため、米国では早くから証券化されており、MBS（Mortgage Backed Securities）と呼ばれています。通常は一定の貸出基準を充たす借り手に対するプライムローンが証券化の対象でした。しかし90年代後半から2000年代にかけて長期にわたる米国の好景気と住宅市場の活況（住宅価格の上昇）のもとで、持ち家志向が高まり、多くの人々が住宅ローンを借り入れるようになりました。そうしたなかで、サブプライムローンの比重が急増したのです。

　サブプライムローンとは、信用力の低い借り手を対象にした住宅ローンです。借り手の信用状態が良好でないので、金利などの条件が良くないローンなのですが、①住宅ブーム（バブル）のなかで、②貸出競争が過熱し、③ローンがきちんと返済されるより、物件の値上がりによる借り換え返済が期待され、④審査基準は甘くなり、⑤しかも証券化によりリスクがローンの貸し手から投資家に移転されたことで、ローンの質はどんどん劣化していきました。そして住宅バブルがはじけ、物件価格が下落すると、借り換え返済もできず、不良債権が急増して、サブプライム金融危機の原因となりました。

 リーマン・ショック

　2008年9月、米国の大手投資銀行であるリーマン・ブラザーズ証券が破綻したことから、世界的な金融危機が発生しました。この破綻のきっかけになったのが、約1年前の2007年8月にグローバルに表面化したサブプライムローン問題でした。

　リーマン・ショックが招いたのはグローバル金融市場の大混乱でした。世界的な株価暴落の連鎖、欧米の大手金融機関の経営危機と資金不足、経済の冷え込み、消費の落ち込み、深刻な不況です。ヨーロッパでは金融システム再建や景気対策で財政が悪化し、ギリシャをはじめとする財政危機が2010年以降表面化しました。日本でも輸出産業が大きなダメージを受けたことで景気が後退し、2011年の東日本大震災の影響もあって経済のデフレ化が進んでしまいました。

 タックス・ヘイブン（Tax haven）

　ヘイブン（haven）は「天国（heaven）」ではなく「避難地」という意味で、タックス・ヘイブンとは租税回避地のことです。ヨーロッパの一部の国（ルクセンブルグなど）やカリブ海諸国（ケーマン、バミューダなど）では、法人税の実効税率が大幅に低いため、世界的規模の企業が、所得税や法人税、投資資産への配当金などに課税される税金を少なくするために、こうした国に本社やペーパーカンパニーを設立しています。

　2016年には『パナマ文書』によってタックス・ヘイブンの利用者が公表されましたが、そこには日本の企業や経営者の名前も挙がっていました。

第4章 重要なリスクマネジメント
リスクなくしてリターンなし

「リスク」って「危険」のことですよね？　一方、「リターン」は戻ってくるから「見返り、利益」という意味になるのかな。

「危険です」っていわれると逃げたり避けたりするのが普通よね。でも、金融の世界での「リスク」は「将来の不確実性」という意味なの。たとえば10万円の使い道を考えてみて。そのお金で株式を買うとすると銀行に預金するより大きなリスクがあると考えるわけ。

たしかに、株式だと数年で倍に増やせるかもしれないけれど、最悪の場合、ゼロになってしまいますよね。

そうなの。金融では儲かる可能性も含めて「リスク」と表現するの。よくいわれるのが「ハイリスク・ハイリターン」。リスクが大きいと高いリターンが期待できるってこと。

僕は損をするのは絶対イヤだけど儲けたいので、「ローリスク・ハイリターン」を選びます。

それは無理。大原則は「リスクなくしてリターンなし」よ。もし「ローリスク・ハイリターン」を宣伝している商品があったら疑ってみるべきね。

なるほど。そういえば、投資詐欺って「安全なのに儲かる」って必ず思わせるそうですね。つい信じたくなっちゃうもんなぁ。金融基礎力をつけて、気をつけようっと。

金融リスクとの付き合い方「5原則」

　日本では家計の金融資産の半分を預貯金が占めることから、投資には慎重と言われます。たしかに株式投資で大損をしたというニュースや、株価の変動の激しさを見る限り、リスク＝危険のイメージで捉えるのも無理はありません。しかし超低金利時代が続くなかで、有利な資産運用を望むなら「リスク」は避けて通れません。この機会に「金融リスク」の本質をしっかり学んでおきましょう。

1．「金融リスク」の本質を知る
　金融でいわれるリスクとは将来の不確実性のこと（先のことはわからない）ですから、災害や事故のように、ダメージしかもたらさない危険という意味ではありません。むしろ、収益（リターン）を得る「機会（チャンス）」であり、未来への「挑戦（チャレンジ）」ともいえます。
　将来のために投資することを「リスクテイク」といいます。目的をもって海外留学したり、企業が設備投資にお金をかける、などもリスクテイクといえます。

2．「リスク」と「リターン」の大原則を理解する
　金融商品を選ぶときは「リスクとリターン」のバランスが大事です。「高いリターンを望むのであればリスクは高まる（ハイリスク・ハイリターン）」し、「リスクが低ければ得られるリターンも低い（ローリスク・ローリターン）」のです。つまり「ローリスク・ハイリターン」というアンバランスな商品は通常はまずありえません。

3．金融商品の3大リスクとは
　3大リスクを基準として、金融商品の「安全性」「収益性」「流動性」を判定します。
①信用リスク（金融商品の信用が悪化して損失を蒙ること）
②価格変動リスク（金融商品の価格が変動して、得られる収益が変動すること）
③流動性リスク（必要な時に現金化できないと急場に困ること）
　リスクの大きさを測定する場合に中心となるのは②です。「金利リスク」や「為替リスク」も②の一種です。

4．かしこいリスクマネジメントを心得よう
　世の中は金融をはじめリスクだらけです。「リスクマネジメント（危機管理）」は企業や政府でも必須です。「リスクとの付き合い方」を3つにまとめると、①リスクの理解、②リスクの分散、③リスクの縮小となります。とくに①が基本です。

5．「ポートフォリオ」の考え方で頭を柔軟に
　リスクを分散させることを目的に、異なったリスクを持つ金融商品をいろいろ組み合わせることを「ポートフォリオ」といいます。リスク分散の方法には、金融商品のジャンルの分散、地域（国）や通貨の分散、銘柄・業種の分散、（投資の）時間・期間の分散、などがあります。分散によってリスクを小さくすることを「ポートフォリオ効果」といいます。

リスクとリターン──金融商品を見きわめるものさし

大学を卒業すると、多くの場合、企業などの一員（ビジネスパーソン）になり、給料やボーナスを得て生活することになります。自分で稼いだ大切なお金ですから全部使ってしまわずに、不意の出費に備えて少し残して蓄えておく（貯蓄）、あるいはそのお金をより積極的に増やしたい（投資）と思う場合もあるでしょう。みなさんのこれからのライフステージでいずれ当面するであろう大きな出費（結婚・子育て・住宅・老後など）に対して、どう準備するかという「マネーライフプランニング」はとても重要です。

まず、**お金を貯蓄・投資することを「運用」といいます。個人や家族のお金を「家計」**と呼びますが、家計にとって重要なのが**金融とのおつきあい**なのです。みなさんが**貯蓄**、**投資**のいずれを行う場合も、預金や債券、株式などといった多くの種類の**「金融商品」（金融資産）の中から、適切と思われるものを選択（意思決定）して購入（資産選択）**することになります。

金融商品（7〜9章で詳しく学びます）とは、「家計」にとって身近で財布代わりでもある**銀行預金**（普通預金や定期預金など）から、**株式**、**債券**（国債や社債など）、**投資信託など、お金に関するさまざまな種類の商品**のことです。金融商品は、経済・金融のグローバル化に伴い、ますます複雑で多様化してきています。金融商品の見きわめを行うことは、お金とつきあう中で欠かせません。

● **金融商品を選ぶときはまず「リスク」と「リターン」をチェック！**

すべての金融商品には「リスク」と「リターン」が必ず存在します。みなさんが貯蓄や投資として金融商品を購入する場合、購入した時の元金（投資元本）が安全に確保された上で、できるだけ多くの利益（収益、もうけ）を得たいと思うでしょう。この場合に重要なものさしになるのが「リスク」と「リターン」です。金融商品は「リスク」（**図1**の横軸）と「リターン」（**図1**の縦軸）の右肩上がりの関数と考えることができます（**図1**）。まさに「金融のすべての道はリスクとリターンに通じる」のです。それでは「リスク」と「リターン」とは何でしょうか。

金融商品の「**リスク**」とは、将来の金融商品の価値（投資元本＋収益）が不確実で、増えたり減ったり変動することです。一方、**リターン**とは、ズバリ、投資により将来得られると期待される収益のことです。

図1 リスクとリターン

　リスクの大きさは金融資産(元本)の安全度や価格・収益の変動幅に着目します。たとえば株式投資は株価が大きく変動する分、元金も利息も最初から決まっている銀行預金よりリスクが高くなります。一方、リターンは収益率で見ることができます。これは投資元本に対する利益の大きさのことで、金融商品ごとに「利息」「利回り」もしくは「投資収益率」などと表示されています。

● 金融商品における「リスク」と「リターン」の関係の大原則

　リスクが高ければ、高いリターンが得られる可能性は大きくなります。これがハイリスク・ハイリターンです。

　これに対して、リスクが低ければ、リターンも低いことになります。これがローリスク・ローリターンです(図2)。

　図2で預貯金から債券、投資信託、さらに株式へとリスク(不確実性)は増大していますが、その分リターン(期待される収益)は増えています。つまり右肩上がりが通常です。これは家計や企業(投資家)が金融商品に投資する場合、より大き

図2 リスク、リターンと金融商品

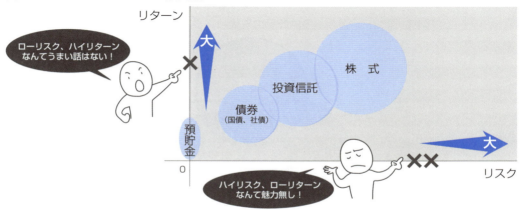

いリスクを引き受けるためには、増大したリスクに見合うだけのリターンの増大（**リスクプレミアム**）が要求されるからです。もしリターンが増えずリスクのみが増えるという**ハイリスク・ローリターン**な金融商品（図中のXX部分）であれば、全く魅力に欠けてしまいます。もちろん、リスクが低くて、高いリターンが得られる金融商品があれば理想的といえますが、実際には**ローリスク・ハイリターン商品（図2の×部分）はまずない**、と考えてよいでしょう（⇒その理由は55頁「ローリスク・ハイリターン」）。

リスクの種類

リスクとは、「将来の不確実性」のことです。世の中にはさまざまなリスクが存在します。金融商品のリスクにはどんな種類があるでしょうか。ここでは代表的な3大リスクとして、①信用リスク、②価格変動リスク、③流動性リスクを学びます。このほかにも、金融市場の特性として、④システムリスク（システミックリスク、オペレーショナルリスク）などが存在します（⇒55頁「システムリスク」）。

● **主なリスクをおさえておこう（図3）**

① **信用リスク** いちばんわかりやすい内容です。金融商品の「信用」が悪化して損失を 蒙 (こうむ) ることです。たとえば、株式を買った後で株式を発行している企業の経営状態や業績が悪化して、ついに倒産してしまった場合、株式は紙くずに近い状況となり、投資したお金はほとんど手元に戻ってきません。たとえ国が発行する債券である「国債」も100％安全とはいえません。2010年発生したギリシャ国債危機（⇒55頁「ギリシャ・ショック」）では、財政赤字が予想以上に深刻であったギリシャ国債の信用が大幅に悪化し、利払いが危機に陥りました。これに対して**信用リスクの低い金融商品は「安全性」が高い**、つまり投資したお金が無事でかつ収益

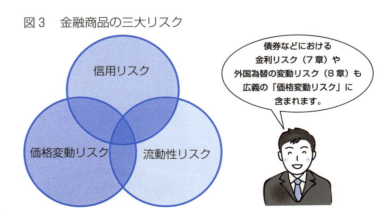

図3　金融商品の三大リスク

債券などにおける金利リスク（7章）や外国為替の変動リスク（8章）も広義の「価格変動リスク」に含まれます。

第4章 重要なリスクマネジメント
リスクなくしてリターンなし

が安定しているといえます。

② **価格変動リスク** 株式の場合、株価は株式市場の売買によって常時変動します。この変動（ボラティリティ）の幅が大きいと期待収益と実際の収益とのブレが拡大することになり、リスクは高まります。株価は企業の収益の予測や結果の評価などさまざまな要因で毎日変動し、将来売る時の株価は、買った時には予測がつきません。もちろん値上がりへの期待はできますが、このように価格変動リスクの高い金融商品は「安全性が高い」とはいえません。一方で、**期待される「収益性（リターン）は高い」場合が多い**です。

③ **流動性リスク** 金融資産を持っていても、急病の際の入院費など緊急の出費が必要な時にすぐ現金化できないのでは困ってしまいます。つまり、保有する金融商品を市場で売却したり、解約・現金化することができないというリスクです。それ以外に、市場が小規模で容易に買い手が見つからない場合もあります。**現金への換金性が高い金融資産のことを「流動性が高い」**といいます。

リスクマネジメント

「リスク」と「リターン」の関係、つまり「リスクなくしてリターンなし」は、ビジネスの基本でもあります。90年代以降の日本では、ローリスクの預金の金利はきわめて低い水準（ローリターン）に留まっています。一方で経済のグローバル化が進むなか、私たちは海外のさまざまな金融商品にも手が届きます。今では米国企業の株式や債券に投資したり、日本円以外の通貨（USドルやユーロ）による預金もできます。こうした背景の下で「貯蓄から投資へ」というメッセージが官民挙げて発信されました。

しかし、選択肢が広がった一方で、金融商品の購入を巡ってのトラブルや苦情は絶えません。じつはその多くが、高いリターンが期待できる商品は当然リスクも高いことについての理解不足が原因となっています。これからの時代はますます「リスクとの付き合い方」が重要になってくるでしょう。これが**リスクマネジメント**です。金融においてリスクマネジメントは非常に重要ですが、その根本は、**①リスクを理解する、②リスクを分散させる、③リスクを小さくする**、です。

● **リスクを理解する**

金融商品には、これまで述べたリスクがあり、それに伴ってリターンも異なります。「金融基礎力」として重要なことは、まずみなさんがリスクを十分に理解した上で、それに対応するリターンを求めることです。金融商品は、一般に前節で

金融商品の性格

↔ トレードオフの関係
両立不能、一方を得ようとすると他方は得られない、一方が大きくなるともう一方は小さくなる関係
＝ パラレルな関係
両立が可能

述べたリスクを軸として、

「**安全性**」＝投資したお金が無事で、収益も安定していること
　　　　　　（安全性が高い＝**低い信用リスクで、低い価格変動リスク**）

「**収益性**」＝投資したお金に対して期待される収益（収益率）が高いこと
　　　　　　（収益性が高い＝**高い価格変動リスク**）

「**流動性**」＝すぐにかつ容易に現金に換金できること
　　　　　　（流動性が高い＝**低い流動性リスク**）

といった点が異なっています。同じローリスクの銀行預金でも、**普通預金**（みなさんが最も頻繁に利用し、カードを使ってCDやATMで日常出し入れしている）と**定期預金**（6カ月・1年など一定期間預ける約束のため、若干利息は高いが、中途で解約する場合、手続きが少し面倒で利息も下がる）では、「流動性」が異なります。繰り返しになりますが、安全性・流動性が高く、収益性も高いといった、すべてに優れた金融商品はまずないことに注意してください。

「リスクマネジメント」は、①**リスクを理解する、**②**リスクを分散させる、**③**リスクを小さくする**、でした。この中で、②や③の「リスク」は、本来の「収益の不確実性」という意味ではなく、「損失発生の可能性」という意味に近くなっていることにお気づきでしょうか。つまりここでの「リスク」は避けるべきもの＝「危険」に近い内容になっているのです。とくに③の場合、リスクはできるだけ小さい方がよいことになります。そのためにもまず、「リスクの計量化」の必要が出てきます（⇒54頁「リスクとリターンの測定法」）。

ポートフォリオの考え方

　金融商品にリスクはつきものですが、リスクを分散させたり小さくしたりすることは可能でしょうか。これを理論的に追求したのが**ポートフォリオ・マネジメント**の考え方と**デリバティブの手法**です。デリバティブについては8章で学びますので、ここではポートフォリオについて説明します。

　ポートフォリオとは、異なったリスクとリターンを持つさまざまな資産を「組み合わせて」保有することです。「ひとつの籠にすべての卵（財産）を入れてはいけない」という格言や、日本で古くから推奨された「財産三分法」（財産を預貯金、株式・債券、不動産に分けてバランスよく保有する）などは、実はこのポートフォリオの重要性を教えているのです。

財産三分法

　ポートフォリオとは、一言でいえば、お金を異なった種類の金融商品に分散し

図4 ポートフォリオの考え方（分散投資）

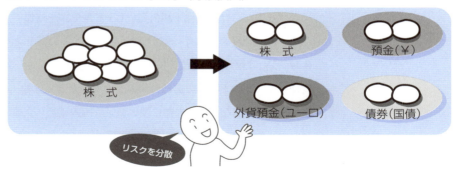

て投資する「リスク分散」です。分散の方法は多種多様ですが、基本的には異なる金融商品を組み合わせて、お互いの各種リスク（信用リスクや価格変動リスク）が相殺されたり、カバーされる（一方の値段が下がっても他方は上がる、あるいは下がらない）ことが目的です。これをポートフォリオ効果（⇒55頁）といいます（**図4**）。

● **ポートフォリオと分散投資（5つの原則）**

① **金融商品の「ジャンル」を分散**　たとえば全財産を株式投資に投入した場合、リスクがいかに高いかは、日本のバブル崩壊以降90年代での株価の急落とその後の低迷で実証済みです。一般に単一種の金融商品でなく複数のジャンルの商品（預貯金・株式・債券・投資信託・外貨預金など）に分散しておけば、1つの種類の商品が全体的に値下がりしても、別の種類の商品は影響をあまり受けず、結果的にリスクを小さくできるのです。

　とくに、安全資産（預貯金や国債などローリスク）とリスク資産（株式などハイリスク）を組み合わせることはポートフォリオの基本となります。

② **金融商品の「地域（国）」を分散**　グローバル時代の投資では、1つの国の金融商品に限定するよりも、多くの国の金融商品を組み合わせることが効果があります。日本だけでなく米国やEUといった先進諸国の株式や債券、さらには高成長・発展を続ける国の金融商品も取り入れて、ポートフォリオを構成すれば、たとえば日本経済が低迷したとしても、日本以外で経済が好調なほかの地域の金融商品がカバーしてくれる可能性があります。

③ **金融商品の「通貨」を分散**　②の場合、金融商品は多くの場合、USドルやユーロなどで価格が表示されます。もしみなさんが海外旅行に行くとしたら、USドルなどの外貨をどのタイミングで購入するか、円高・円安などの為替相場に一

喜一憂するかもしれません。身近な預金でも、複数通貨への分散として、自国通貨（日本ならば円）建て以外に、USドルやユーロ建てなどで保有できます。

④ **同じ金融商品の「銘柄・業種」などを分散** ①のジャンルの分散を同一種類の金融商品、たとえば株式でも行うことができます。同一業種・同一銘柄に集中投資せずに、さまざまな業種の組み合わせ、たとえば輸出に強い産業（自動車・鉄鋼・電子機器など）と内需に強い産業（国内流通・交通・国内サービス産業など）や、銘柄に分散することも可能です。

⑤ **投資の「時間・期間」の分散** 金融商品を買う時期を分散させて、高値のときに買ってしまう「高値づかみ」のリスクを避けることも重要です。株式投資などを行う場合は、株を一時に購入せず、定期的に一定額を購入する「積み立て」形式で投資すると、平均購入単価を下げられる効果があります（⇒111頁「時間の分散投資」）。

● **ポートフォリオ戦略は万能なのか？**

ポートフォリオ戦略

選択と集中戦略

分散投資の活用により、ポートフォリオ効果が挙がることを学んだみなさんは、じつは金融の世界以外にもこの考え方がさまざまに使えることに気がつくでしょう。身近なところでは、たとえばみなさんの大学での履修科目を選択する時に応用できます（⇒53頁「ポートフォリオの発想術」）。

金融の世界でポートフォリオ戦略が有効なのは、不確実性の集中を避け、大きなリスクの実現を免れるからです。別の見方をすれば、さまざまな金融商品が抱えるリスクや不確実性に対して、①多くの投資家（リスクを背負う側）が、事前に十分に分析・判断できるだけの情報や根拠がない、②金融商品の構造や内容に対し、投資家側から主体的に働きかけることができない、③情報格差、情報の非対称性（⇒122頁「情報の非対称性」）が大きいという特殊な事情が背景にあるからともいえます。投資家は金融という商品に対するユーザーでありながら、他のモノやサービスのユーザーに比べると、その自由度はかなり低いといえます。

したがって、同じように将来の不確実性（リスク）に対処するケースであっても、企業経営などで採られる戦略や意思決定の場合とは、大きく異なっています。経営学を学んだ方ならご存じのように、経営戦略においては「**選択と集中**」が王道であるといわれています。たとえば、低収益部門や、競争力が弱く成長性も乏しい事業分野を整理・売却し、自社の経営資源を収益性・成長性が高い分野に集中する「選択と集中」は企業がつねに意識している戦略です。

「選択と集中」は「ポートフォリオ（分散）」とは真逆の戦略といえます。実はこ

第4章 重要なリスクマネジメント
リスクなくしてリターンなし

の「選択と集中」は、企業経営者が自社や業界の情報に精通しているからこそ可能な戦略です。投資家の場合は上記①・②の背景から「選択と集中」戦略が可能となる情報がありません。そこで、受け身ながらも確実にリスクを分散・縮小できる「ポートフォリオ戦略」が有効なのです。

● ライフサイクルとポートフォリオ

金融資産を選択するとき、すべてに万能なポートフォリオがあれば楽ですが、じつは最適なポートフォリオは、個人の事情によってさまざまに異なります。しかも、それぞれのライフステージ（たとえば社会人スタート時、結婚時、子育て期、住宅購入期、老後など）に応じて変化します。大切なのは「自分のライフサイクル」に合わせて考えることです。たとえば、次のように資金を分けて、目的ごとにポートフォリオを構成するのも効果があります。

①生活設計資金：ライフステージに応じて必要になるお金
②緊急資金：急病や、まさかの時のための資金
③投資資金：収益性に重点を置いて積極的に運用を行う資金

金融の スポットライト ポートフォリオの発想術

「リスクとリターン」「ポートフォリオ」の考え方は、金融の世界だけのものではありません。例として大学の履修科目の選択と単位取得で考えてみましょう。

はやとくんの先輩でお花見大学4年生の猪熊くんが、残り1学期（セメスター）の段階で卒業に必要な単位をあと12単位残しているとします。お花見大学では前学期の成績次第で今学期の履修上限が決められており、猪熊くんは今学期20単位まで履修可能です。

猪熊くんは金融機関に就職が内定しており、残された時間を有効に使うために、なるべく効率的に単位を取得したいと思っています。好きな科目（スポーツ）を履修すれば単位は得やすいですが、就職する企業から求められている資格取得につながる科目（財務・会計や金融＝難しく、かつ単位取得は簡単ではない）にも、できれば手を付けておきたいところです。かといって単位不足で卒業できなくなることは絶対に避けねばなりません。

このとき、どのような履修選択をすれば①必要単位を確実に（落第や留年のリスクを回避）、かつ②有効に（できるだけ省エネで結果を出す、費用対効果が最大）取得でき、③十分な満足や学習効果（リターン）を得られるか、がポートフォリオの課題となります。まず、就職する企業から求められる資格取得につながる科目にチャレンジしたうえで、ほぼ確実に単位取得できる科目の履修も必要です。気分転換に好きなスポーツや芸術科目を履修するのもいいでしょう。

必ず卒業することを目的としつつ、最も効果的に単位取得を行うため、猪熊くんは履修選択のポートフォリオに知恵を絞ることになるのです。

金融基礎力レベルアップ講座

リスクとリターンの測定法（平均・分散モデル）

「リスク」と「リターン」はどのように測定（数量化）できるのでしょうか？ここでは「平均・分散モデル」（マーコビッツ）という理論に従い、試算してみましょう。平均・分散モデルでは統計の手法を使っており、金融資産の将来の「リターン」を、予想される平均収益率（期待平均収益率）で表します。また「リスク」の大きさは、収益のぶれの大きさ（予想される平均収益率と、実際の収益との差＝分散値〔あるいは標準偏差〕）により測定します。

リターン＝予想される平均収益率（＝期待平均収益率）

①不確実な将来を、確率的にとらえ、いくつかのケースを想定する…a
②ケースごとに（それぞれの確率下で）実現する収益率を想定する…b
③それぞれの確率でウエイト付けして期待収益率 c（各収益率×確率）を算出し、合計して期待平均収益率 x を算出する…c および x

リスク＝収益のぶれ（期待平均収益率と実際の収益との差＝分散値）

収益のぶれを分散値（あるいは標準偏差）により測定します。
①各確率下での、ケースごとの収益と期待平均収益率との差（偏差）を計算…d
②各偏差を二乗し、確率でウエイトづけ…e
③合計して分散値 y を算出する（この分散値の平方根が「標準偏差」z）…y および z

■例　ビール会社の株式のリスク・リターン

ビール会社の業績は、夏場のビールの消費量に依存するとし、天候の違いによって大きく左右されると考えます。そして株式の収益率（＝リターン、株価の値上がりや配当で実現）も天候の差に連動すると考えます。仮にビール会社（A社）の株式について、収益率が猛暑の場合20.0％、冷夏の時−10.0％、平年並みで10.0％とし、それぞれの起こる確率を40％、20％、40％としましょう。

	予想確率 a	想定収益率 b	期待収益率 $c=(b \times a)$	偏差 $d=(b-x)$	$e=(d^2 \times a)$
猛暑	40%	20%	8.0%	10.0%	40.0
冷夏	20%	▲10%	▲2.0%	▲20.0%	80.0
平年	40%	10%	4.0%	0%	0
			期待平均収益率(x) 10.0% (8.0%＋▲2.0%＋4.0%)		分散値(y) 120.0 (40.0＋80.0＋0)

A社のリターン（期待平均収益率 x）は10.0％、リスクは120.0（分散値 y）あるいは10.9％（標準偏差 z＝分散値120.0の平方根）と測定することができます。

第4章 重要なリスクマネジメント
リスクなくしてリターンなし

キーワードを学ぼう

● ローリスク・ハイリターン

　ある金融商品が長期的に「ローリスクでハイリターンが得られる」ことがいかに困難かは、市場の原則（需要と供給）からも説明できます。もし仮に市場にそういう好条件で有利な金融商品が存在すれば、多くの購入者が殺到します。需要が急激に高まった結果、商品価格が値上がりしてしまうので、得られるリターンは急速に低下してしまうのです。

● システムリスク

　金融機関の取引（金融商品の売買等）は、ほとんどすべてオンラインコンピューターシステムを介して行われます。また、金融機関間の資金のやり取りにも相互の決済システムが使用されます。事故や犯罪、サイバー攻撃など、なんらかの理由でコンピューター決済システムなどがトラブルをおこしたり、ダウンしてしまったりして、正常な取引ができなくなってしまうリスクがシステムリスクです。

● ポートフォリオ効果

　分散投資（ポートフォリオ）によってリスクをより小さくすることが可能になったとき、「ポートフォリオ効果が生じた」といいます。株式を購入する場合に、リスクとリターンの関係が逆方向に動く業種、たとえば内需主導企業（国内サービス産業や外食、電鉄など円高の影響少ない）と、輸出に強い産業（自動車・工作機械など円高に弱い）を組み合わせてポートフォリオを組んだとき、どちらか一方に偏った業種や企業だけの組み合わせの場合よりも、リスクを減少させられる、といった例です。

● 価格変動（ボラティリティ）

　金融商品の価格が変動することは、収益が不安定になるリスクを伴います。たとえば、株価の変動はさまざまな要因で起こるため、期待された収益と実際に得る収益との間に「ブレが生じる」場合があります。こうしたとき、「収益のブレの大きさ」を測定して、リスクの大きさを示すことが可能です（⇒ 54頁「リスクとリターンの測定法」）。一般に、市場（株式や外国為替）が不安定で変動幅が大きい場合、「ボラティリティが高い」といいます。

● ギリシャ・ショック（欧州国債危機）

　2009〜10年にヨーロッパでギリシャ問題が発生しました。ギリシャで巨額の財政赤字が粉飾されていた実態が判明し、国債価格が急落したのです。同じく EU の共通通貨ユーロを使い、財政赤字を抱えていたアイルランドや南欧諸国（ポルトガル、スペインなど）にも危機が波及しました。ギリシャのユーロ脱退の可能性がささやかれると同時にユーロ自身の信用も大きく動揺し、ユーロ諸国の国債はドイツなど一部を除き、価格変動リスクが拡大（価格が急落、利回りは急騰）しました。ギリシャ等に対しては、EU や IMF、そして欧州中央銀行（ECB）等の支援と危機管理対策が発動され、今日に至っています。

第5章 金融機関の種類と機能①
IT時代の金融と銀行
変化に直面する銀行と金融サービス

金融市場にはさまざまな形の金融機関が参加しているの。銀行をはじめ、証券会社、保険会社、リース会社、消費者金融、それに地元密着の信用金庫やJAバンク、ゆうちょ銀行など、業態は違うけどみんな金融機関よ。

めっちゃ種類が多いですね。金融機関は就活でも人気です。それに銀行員って昔は地味で堅いイメージだったらしいけど、最近は小説やドラマの主人公にもなっていますよ。

銀行業務もグローバル化や規制緩和で大きく変化しているわ。銀行の窓口で保険に入れたり、国債や投資信託も買えるのよ。金融機関のデパート化、ワンストップショップ化ね。

ぼくは銀行口座も持ってますけど、振込や公共料金の支払いは、ほとんど最寄りのコンビニエンスストアで済んでしまいます。

コンビニ銀行だってあるんだもの。コンビニ決済は手軽でいいわよね。最近はフィンテック（FinTech）といって、ITやネットを使った新しい金融サービスが注目されているの。日本でもITのベンチャー企業が銀行などと組んで、さまざまな金融サービスの提供を始めているわ。

フィンテックって何ですか？　ぼく、英語はちょっと苦手で。

ファイナンス（Finance）とテクノロジー（Technology）の合成語よ。スマホで代金決済ができるようになったり、アプリで家計簿をつけるサービスや、人工知能による投資のアドバイスも登場して、今後ますます便利になりそうよ。

銀行の役割とは

グローバル時代とはいえ、金融の世界でも国ごとの伝統を無視することはできません。間接金融優位の時代が長く続いた日本では、「銀行」の存在はたいへん大きなものでした。しかし、日本の金融機関も時代と共に大きく変化しつつあります。現在ではフィンテックが大きな話題になっており、金融業界にとっては、90年代から2000年代にかけての金融システム危機、日本版金融ビッグバンに続く大きな節目になりそうです。

1．金融機関の分類と役割
　　①金融（仲介）のスタイルの違い（直接・間接・ハイブリッドに分類）
　　②預金（預金通貨）を取り扱う金融機関と、それ以外を区別
　　③民間金融機関と公的金融機関
　この3つの尺度を組み合わせると、多種多様な金融機関の特色や機能もわかりやすくなります。

2．日本の金融機関の歴史的特性
　グローバル産業の典型ともいえる金融ですが、実際には代表的な規制産業で、各国それぞれに独自性も強く、日本・米国・欧州の金融機関はかなり異なっています。日本の金融機関に見られる特色をまとめます。
①間接金融機関（銀行や保険会社）のプレゼンスが高い。
②経営環境の激変や、危機に対応して合併や再編などの水平的統合を繰り返してきた。
③さまざまな分野で公的金融機関が存在・存続しており、その役割はかなり大きい。
④信金やJAなど多様な非営利（協同組織）金融機関が活躍し、中小企業や農業・漁業従事者向けにきめ細かなサービスを提供している。

3．銀行の種類と業務
　銀行は、メガバンクとよばれる都市銀行、地方銀行、第二地銀などの伝統的な普通銀行、信託業務を行う信託銀行、新たなスタイルで参入したコンビニ・ネット銀行に大別されます。なかでもメガバンクは、金融持ち株会社解禁（98年）により、傘下にさまざまな金融機関を持つことで、金融の総合デパート化しています。

4．銀行の三大機能
　銀行の機能にはA：金融仲介機能、B：信用創造機能、C：資金決済機能があります。とくにBは預金⇒貸出⇒預金という流れの繰り返しにより、信用（貨幣）が創造されていくメカニズムで、経済の順調な拡大に重要な役割を果たしています。また銀行の固有業務（銀行法に基づく）として、①預金、②為替、③貸出業務があります。

5．役割が増す「信託（銀行）業務」
　最近「教育信託」「遺言信託」という新たな金融サービスが、高齢者の相続や資金移転に際して注目されています。信託とは、受託者（信託銀行）が委託者の資産（金融資産・不動産などの財産）について、受益者（委託者あるいは第三者）のために、管理・運用・処分することができる契約です。

6．フィンテック（FinTech）
　ITによる新たなビジネスモデルが金融分野に続々と誕生しています。

金融機関を分類すると

　金融ビジネスを業とし、顧客に各種金融サービスを提供する企業や組織が金融機関です。日本の金融機関にはどんな種類があるのでしょうか。

　金融機関の分類としては、中央銀行（12章）である日本銀行を除いて

① 金融（仲介）のスタイルの違い（直接金融系・間接金融系・ハイブリッド型金融）（3章）
② 預金（預金通貨）を取り扱う（受け入れる）ことができる金融機関と、それ以外の金融機関の違い（2章）
③ 公的金融機関（政府系金融機関）か民間金融機関か

という尺度を組み合わせて、理解するのがわかりやすいでしょう（**図1**）。

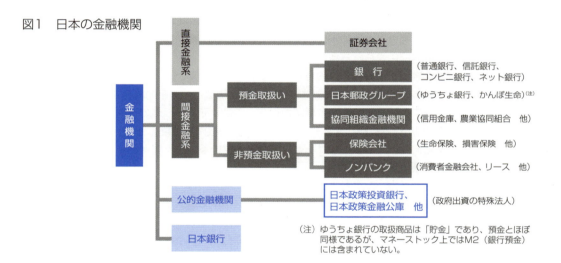

図1　日本の金融機関

（注）ゆうちょ銀行の取扱商品は「貯金」であり、預金とほぼ同様であるが、マネーストック上ではM2（銀行預金）には含まれていない。

● 日本の金融機関の歴史的な特色

　日本の金融機関には、欧米には見られない独自性があります。日本経済に重要な役割を果たしている金融機関について、戦後（第二次世界大戦後）からこれまでの流れや、歴史的特色を見てみましょう（キーワードはあとで説明します）。

① 間接金融機関（銀行・保険会社）の影響力が伝統的に大きいこと。

　とくに銀行は、対家計（個人）では預金、企業とは貸出で結びつき、最大のシェアを持つ。企業のメインバンク*として、緊密な金融取引を行い、また企業（とくに中小企業）のコーポレート・ガバナンス面や危機管理（会社の再建・再生）に大きな役割を果たしてきた。

*メインバンクについては131頁参照

第5章 IT時代の金融と銀行
変化に直面する銀行と金融サービス

② 長期にわたり、銀行と証券（証券会社・証券業務）の分離が続いたこと。

銀行が証券業務も行えるユニバーサル・バンキング（欧州大陸諸国の金融制度に多い）と異なり、日本では1948年、証券取引法により銀行の証券業務が厳しく制限され、その後、徐々に規制緩和されてきた。

③ 多様な非営利の協同組織金融機関が存在し、中小企業向けや、農業・漁業従事者向けに各種金融サービスを提供していること。

④ さまざまな分野で公的金融機関が存在し、その比重も高いこと（政府系金融機関、政府出資により、政策目的のために設立された銀行・公庫が多い）。

⑤ 巨大な国営金融機関である郵便局が、国民の貯蓄を吸収し、政府の運用資金（財政投融資など）として活用された。2007年に民営化され「ゆうちょ銀行」となっている。

⑥ 90年代のバブル経済崩壊・平成不況長期化に伴って経営環境が悪化し、経営危機が拡大したため、民間金融機関の再編・統合が本格化した。

⑦ 90年代半ば以降、政府主導で金融システム改革が進行した（⇒67頁「日本版金融ビッグバンと金融システム」）。

預金取扱い金融機関（預金受け入れ金融機関）

「間接金融」系金融機関で、預金（預金通貨）を受け入れることができるのは、①銀行と、②協同組織金融機関（信用金庫・信用組合、労働金庫、農林漁業系協同組合など）です。①と②では準拠法が異なり、銀行が営利企業であるのに対し、②は非営利金融機関です。②の機能・業務は銀行と共通するところが多く、日本の預貯金全体に占めるシェアも約25％と高く、各協同組織構成員に対して金融サービスを提供しています。

● 信用金庫や信用組合

銀行とほぼ同じ機能・業務を行いますが、株式会社ではなく、限定地域（都道府県・市町村）内の会員・組合員（家計・中小企業など）への地域密着できめの細かい金融サービスを行っています*。優良地元中小企業取引をめぐって、銀行との競争も激化しており、地域の振興や、地元中小企業が悩む事業の後継者難・売却先探しなどへのアドバイスを行うなど、リレーションシップ・バンキング戦略（⇒68頁）を実施しています。

＊預金の受入れ、一定限度内の貸出は非会員・組合員に対しても行っています。

● 農林漁業系協同組合（JAバンク）

主に組合員を対象に金融サービス（貯金やローンのほか、共済事業）を行ってい

ます（この場合、受け入れるお金は預金といわずに「貯金」といいます）。

● **中央金融機関の存在**

協同組織金融機関では、中央組織である金融機関を持っています（信用金庫ならば信金中央金庫、農林漁業系協同組合ならば農林中央金庫）。

● **協同組織金融機関の再編・統合**

1990年代、不良債権問題や平成不況長期化、さらには超低金利などの環境悪化により、経営が悪化したところが多く、再編・統合が進んでいます。

さまざまな銀行

銀行は、預金を受け入れて金融仲介を行う、民間金融機関の代表的存在です。その組織・業務については、銀行法が規定しています。歴史的には長期・短期金融の分離、銀行・信託の分離など、種々の業務区分規制が銀行の種類に対応していましたが、徐々に規制緩和が進行していきました。現在、銀行法に基づく普通銀行は、都市銀行（大部分がメガバンク）、地方銀行、第二地銀（第二地方銀行協会加盟地方銀行）から構成されます。なお信託銀行とは、後に説明する信託業務を主要業務としている銀行のことです。

1990年代後半、バブル経済崩壊後の不良債権問題、平成不況の長期化が、多くの銀行の経営を圧迫したため、都市銀行を中心に、資本増強、経営統合・再編が進み、集約化が進行しました。銀行は業務展開の地域で分類することもできます。

全国展開銀行（全国銀行・都市銀行）：メガバンク・信託銀行など一般的に業務・支店を全国展開し、大企業取引・海外取引の比重が高い。

地域展開銀行（地方銀行、第二地銀）：限られた地域に業務・支店を展開し、地域の企業取引の比重が高い。約100行前後あるが、2014年頃から経営統合や再編が加速化している*。

＊**地方銀行の再編加速**
たとえば、横浜銀行と東日本銀行が統合し、コンコルディアFGになるなど、とくに大型地銀同士の再編、地域（県）を越えた統合や提携が行われています。この背景には、地域経済の停滞、超低金利時代長期化による地銀の収益圧迫、地方の少子高齢化・人口減などがあると見られます。

● **メガバンク**

メガバンクとは大手都市銀行が経営統合・再編・合併を行って巨大化し、さらに銀行持株会社の解禁（1998年）により、金融持ち株会社が傘下にさまざまな金融機関を持つ、総合化した銀行のことです（**図2**）。

● **コンビニ／ネット銀行**

従来型銀行（有人店舗で預金・貸出）に対して、日本版金融ビッグバンにより2000年以降新規参入した銀行

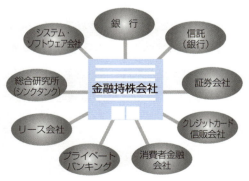

図2　メガバンクのビジネスエリア

第5章 IT時代の金融と銀行
変化に直面する銀行と金融サービス

は、コンビニ・スーパーなどのATMで入出金が可能な口座（預金）サービスを扱ったり、インターネットを通じて口座を開設し、各種取引が行える新たなビジネスモデルを展開しています。

● **ゆうちょ銀行**

明治時代以降、国営で運営された郵政3事業（郵便、貯金、保険）のうち、貯金は郵便局という全国展開のネットワーク、政府による保証もあり、国民に身近な金融機関として巨大な存在でした。その後、公社化（2003年、日本郵政公社）を経て、2007年「郵政民営化」に伴い、金融分野は株式会社ゆうちょ銀行（貯金）と、かんぽ生命保険（保険）が担当することになりました。

銀行の金融サービス

銀行の機能とは、A：金融仲介機能、B：信用創造機能、C：資金決済機能です。**A：金融仲介機能**は3章の間接金融で学んだ機能そのものです。なお一般に銀行を中心に間接金融の機能を指し示す「金融仲介」ですが、より広く、直接金融を行う場合（証券会社など）も「金融仲介（広義）」機能に含め、広く「金融仲介機関」とする見方もあります。

B：信用創造機能

銀行は受け入れた預金を自ら貸出すことができますが、その貸出金がさらに預金を生むメカニズムを信用創造機能・貨幣創造機能と呼びます。**図3**に示されるようにして、次々と預金・貸出金が拡大していきます。

①家計Bが銀行C_1に預金を預けます。

②銀行C_1は資金の一部（ここでは仮に10%とします）を銀行の支払い準備のため留め（預金準備金⇒67頁）、預金額の90%を企業A_1に貸し出します。

③企業A_1はその資金を、自分の取引相手A_2に支払います。

④企業A_2は、受け取った資金を一時的に自分の取引銀行C_2に預金します。

⑤銀行C_2はさらに企業A_3に貸し出します。

このように、最初は家計の預金を元にした貸出から始まって、**預金が順次拡大していくことを信用創造（貨幣創造）**といいます。

図3の例では、家計Bが預けた100万円のお金が、企業A_5に貸し出されるまでに、100＋90＋81＋72.9＝343.9万円に増えていったことになります。このうち、実際の現金は100万円ですから、残りの243.9万円は預金と貸出によって創造されたお金です。

図3　信用創造のメカニズム

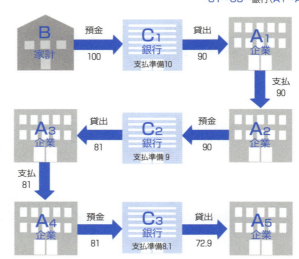

A1～A5…企業（資金需要者）
B…家計（資金供給者）　最初の預金者
C1～C3…銀行（A1～A5の取引銀行）

C：資金決済機能

　お金（通貨）の重要な機能に「決済（取引・支払い）手段」がありました。預金通貨は現金通貨に替わって（現金の授受なしで）この決済機能を持つことで、ビジネスに大きな役割を果たしています。この機能は、普通預金や当座預金など、いつでも引き出せる預金（要求払い預金）に小切手発行や自動引き落としなどのサービスを加えて利用されます。

● **当座預金**

　企業が銀行や信用金庫などで、日常の取引での支払い・決済に利用する口座です。普通預金と同じく要求払い預金ですが、①無利息（利息がつかない）、②企業―銀行間の当座勘定契約により、企業が有価証券である手形・小切手を発行し、決済できる口座、という特色があります。このため当座預金は、企業の財布としてはもちろん、決済口座として非常に重要です。

　この当座預金に残高がなくなり、自社が発行した手形・小切手の支払いができない場合は（支払い拒絶＝**不渡り**）、企業信用が損なわれるばかりか、**6カ月以内に2回不渡りを起こすと銀行との取引が停止**されてしまいます。

第5章 IT時代の金融と銀行
変化に直面する銀行と金融サービス

銀行の業務（三大業務と信託業務）

銀行は、家計（および企業など）の大事な「預金」を扱うことや、ビジネスに不可欠な取引の決済（支払いや送金）や資金の移動を行う、さらに預金を元に、貸出により信用創造を行うことができるため、金融機関・金融サービスの中核を担う「金融の基本的インフラ」にほかなりません。

①**預金業務**、②**為替業務**（⇒67頁「為替取引」）、③**貸出業務**が、銀行法に基づく銀行の固有業務です。また信託銀行は、銀行業務と信託業務を兼営します。

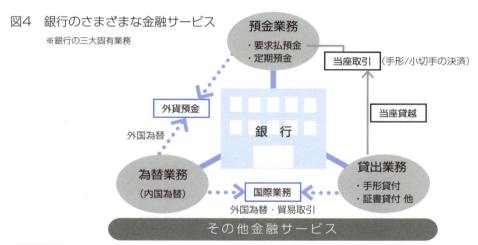

図4　銀行のさまざまな金融サービス
※銀行の三大固有業務

| 外貨預金 | 外国通貨による預金の受け払い。日本円と外国通貨との交換（外国為替）が行われる。
| 国際業務 | 貿易取引で必要な、海外との資金決済（外国送金・取立）、信用状取引や輸出手形買取りなど与信業務が含まれる。
| 当座貸越 | 当座預金に残高がなくても限度額まで銀行が支払う契約（⇒11章）

① **預金業務**　要求払い預金（普通預金・当座預金など）、定期預金などの受け払いを行う業務。預金の種類については7章参照。

② **為替業務**　遠隔地との資金の決済のために、日本国内への資金の送金・振込み、手形の取立てを行う業務。

③ **貸出業務**　企業・個人などに資金を貸し出す業務。借入者の信用状態を調査し、審査を行って貸し出すため、「与信業務」とも呼ばれる（11章）。

銀行はこれ以外にも下記のA〜Cのような多くの業務を行っています。

また、取引先の企業や家計に経済・金融に関する種々の情報を提供するのも銀

行の重要な業務です。

A：付随業務　債務の保証や、銀行が自身の投資として行う有価証券売買などの他、銀行の固有業務に付随して発生する業務（銀行法10条）

① 国債などの引き受け
② 国や地方自治体の金銭出納代理業務
③ 保護預かり、貸金庫
④ 金融デリバティブ取引（6章参照）

B：証券業務　銀行業務と証券業務については、別々の金融機関（銀行と証券）が行うという原則（銀行と証券の分離）のもと、銀行法で認められた証券業務は限定されていました（国債など公共債の募集・引受）。しかし日本版金融ビッグバン（⇒67頁）などの規制緩和により、次第に拡大してきました（投信信託の販売など）。

C：周辺業務（銀行本体ではなく子会社を通じて行うことが認められる業務）銀行は業務を制限・限定されているため、さまざまな金融関連業務を子会社を通じて行うことが認められています。周辺業務には証券業*をはじめ、クレジットカード業務やリース業務（6章）、コンピュータサービス（金融関連システム）、投資顧問業など幅広い分野があります。

＊銀行子会社による証券業務参入が1992年に解禁されました。

● **信託業務**

信託銀行の主要な業務として信託業務があります。信託銀行は、銀行業務と信託業務を兼営します。**信託とは**①委託者（家計など）が受託者（信託銀行）と契約（信託契約）を結び、②委託者の資産（金融資産・不動産などの財産）について、③委託者が指定する受益者（委託者あるいは第三者）のために、④管理・運用・処分することを受託者（信用銀行）に委ねるものです。信託業務は、社会の少子高齢化を背景に、子・孫などを受益者として**教育資金贈与信託**＊などが導入されていま

＊**教育資金贈与信託**
教育資金の子・孫（30歳未満）への一括贈与を非課税（1500万円以下）扱いとする制度で、2013年から始まりました。元本は信託銀行が保証します。

図5　信託業務

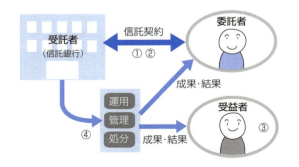

す。受託者（信託銀行）は手数料（信託報酬）を得ます。なお信託銀行は銀行業務の勘定と信託業務の勘定を別々に管理（分別管理）しなければなりません。

遺言信託：信託業務の中でも、取扱いが急増しているのが「遺言信託」です。委託者が遺言し、その遺言内容（財産の相続人への配分や特定目的のための運用・寄付など）を実現するための執行を信託銀行が行います。高齢化社会の日本で最近増加しており、注目される商品です。

● 銀行の金融サービスの多様化

金融機関の中心的存在である銀行は、現在、固有業務・付随業務・証券業務を通じて幅広い金融商品を取扱うことができます。これは長期にわたる規制緩和、とくに日本版金融ビッグバン（⇒67頁）の改革の結果といえます。家計にとって銀行が金融のデパート化したことで、投資信託や保険商品（証券会社や保険会社が取扱ってきた）も、普段利用する銀行窓口で購入できるようになりました。

金融環境の大変化と銀行

1999年に導入された、いわゆるゼロ金利政策、そして2001年に始まった量的緩和政策、さらに2013年からの異次元的金融緩和政策（アベノミクスの「第一の矢」）は、いずれも政策金利を引き下げ、市場に流通するマネーの量を増やす政策ですが、2016年に日銀はついにマイナス金利政策を採用しました（2章）。

こうした中央銀行による金融政策は、間接金融系金融機関、とくに預金を受け入れて企業等に貸出を行う銀行の経営に大きな影響を与えています。

①利ざやの縮小

銀行のビジネスモデルの柱は、預金を集めて、預金利息に金利を上乗せ（スプレッド、利ざや）して貸し出すものですから、利ざやの縮小は収益を直撃します。

②資金運用難

90年代のバブル崩壊以降、企業は借入に慎重で、設備投資なども自己資金で対応するケースが増えています。貸出先が増えないので、銀行は資金を有価証券（国債など）購入や個人ローン（住宅ローン、カードローン）に力を入れるようになりました。しかし、日銀の国債買入が増えると、国債利回りは下がり、国債保有の多い銀行の収益が悪化します。とくにグローバルな金融ビジネスを展開していない地方銀行の経営を圧迫しました。

③マイナス金利

マイナス金利（2章）政策が適用されたことで、資金を日銀に多く預けていた銀行（地銀など）の収益はダメージを受けています。

④カードローンの増加

無担保で借りられる個人向けカードローンの扱いが銀行で急増しています。これは多重債務、高金利などの問題から、消費者金融への規制が強化された後、比較的高金利のカードローンビジネスに銀行が競って力を入れた結果ですが、カード破産も増える可能性はあります。

金融基礎力レベルアップ講座

日本版フィンテックの背景と展望

（1）フィンテック産業の興隆

フィンテック（FinTech）は「Finance（金融）」と「Technology（技術）」の合成語です。金融の歴史は、金融システムや商品・サービスのイノベーションの歴史でもあり、これまでもさまざまな技術進歩に支えられてきました。とくにICT（情報通信技術）とは密接な関係があります。

今回クローズアップされているフィンテックとは、もともとは主に米国で非金融機関系ベンチャー企業が中心となって、ICTを駆使し、新たに構築を進めているさまざまな金融サービスの総称です。

特色としては、顧客は一般の消費者層（コモンユーザー）が中心、取引は小口が主体であり、スマホやタブレットからネットやアプリで金融機関にアクセスし、クラウドやビッグデータを活用して、A．決済・送金ビジネス、B．資産管理・運用サービス、C．投資・融資（レンディング・インベストメント）取引、D．金融ビジネス・情報サービス提供、など新たなビジネスモデルを構築するものです。

（2）日本でのフィンテック

2015年には日本でも「フィンテック元年」「フィンテック革命の到来」と注目を集め、メガバンク・大手地銀、カード会社、主要ベンダーなどが競うように導入し、大きなブームとなりました。ICT革命によるイノベーションがもたらす「日本版フィンテック」は、ネット・スマホ人口の激増、日本の経済・金融環境の変化が追い風となり、今後の日本の金融サービスに大きな質的変化をもたらすのではないかと思われます。もっとも、金融ビジネスにおける最大の関門である、個人情報の保護や、各種システム事故、サイバー攻撃などに対する安全性（セキュリティ）をどう確保していくかといった課題がありますが、ICTの進化スピードの速さを考えると、金融分野に第三次産業革命をもたらす可能性は十分あるといえるでしょう。2018年にはブロックチェーン技術を使い、スマホにより低い手数料で銀行送金を可能とするシステムの導入が検討されています。

「フィンテック」のビジネスエリア

A．決済・送金サービス	B．投融資	C．資産管理・運用	D．金融／情報サービス
個人間送金（PtoP）、ネット・モバイルペイメント（PC→スマホ決済など）、仮想通貨	クラウドファンディング（ファンド）、パーソナルレンディング、ソーシャルレンディング	資産や投資のポートフォリオ・アドバイザリー、家計のアカウント・アグリゲーション	金融インフラ・会計・ソリューションビジネス
➡買い物でのスマホ決済、安価手数料での海外送金、ビットコインなどが実用化	➡ネット空間で資金を集め、銀行などを経由せずに投融資を行うビジネスモデル	➡AI（人口知能）を使った投資顧問「ロボアドバイザー」を汎用サービスとして提供	➡金融・情報へのアクセスがより簡便化し、利便性を高める

第5章 IT時代の金融と銀行
変化に直面する銀行と金融サービス

キーワードを学ぼう

日本版金融ビッグバンと金融システム

　日本の金融機関は、1990年代に銀行を中心に再編・統合が本格化しました。これを制度面から後押ししたのが、日本版金融ビッグバン（1996〜2001年）です。

　90年代バブル経済崩壊に続く平成不況のなか、日本の金融機関では経営危機が頻発、金融市場もさまざまな規制の存在などにより国際的な金融センターとしての魅力・優位性が揺らぎ始めました。そこで96年、政府は自由かつ公正で、国際的競争力を持つ金融システム構築を目指して改革を行いました。これら一連の改革を、「日本版金融ビッグバン」と呼んでいます。98年には「金融システム改革法」を中核として、大幅な改革や規制緩和が金融機関・金融市場・金融商品などに加えられました。

　その結果、90年代末から2000年代にかけて、金融業界には、さまざまな構造変化が生じています。

①金融の参入規制の緩和・撤廃
- 異業種からの参入→流通（スーパー、コンビニ）、IT業界より、銀行業に参入
    →（証券会社の登録制移行により）ネット証券の台頭
- 金融持株会社成立→メガバンクでは、傘下に各種金融機関を所有する形の総合金融機関化へ
- 業種間の業務制限規制緩和（銀行・証券・保険での垣根の高さが、一段と低下）
    →銀行の窓口販売化（投資信託・保険）
- 仲介・代理業制度導入→証券仲介業務、銀行代理業制度の導入

②金融商品・金融取引の価格規制の緩和・撤廃
- 株式売買手数料の自由化→証券会社の手数料引き下げ、ネット証券の活躍
- 保険算定会料率の使用義務廃止→保険会社の保険料について多様化が可能

③金融サービスの多様化
- 資産運用・選択手段の多様化→投資信託制度の拡大

④金融取引の透明性と説明責任拡大→利用者保護、ディスクロージャー強化

⑤金融市場環境の整備

プライベート・バンキング（PB）業務

　もともと欧州では伝統的に、富裕な資産家層を対象に、さまざまな金融サービスが発達しており、顧客の代わりに資産の運用・管理・相続や、各種代行業務を行い、情報提供を行っていました。これがPB業務であり、米国でも大手金融機関が、資産の運用面を中心に、富裕層向けサービスを強化しています。こうしたなかで日本でも、外資系金融機関やメガバンクを中心に、PB部門やPB業務により、日本の富裕層のニーズに応える動きが進んでいます。

為替取引

　銀行の三大業務の1つ。国内における資金の移動・支払・決済業務を、とくに「内国為替」と呼び、海外への資金の移動・決済や通貨の交換が伴う「外国為替」と区別します。みなさんが振込・送金の名

前で、常時利用している取引です。現金を直接移動させずに、遠隔地の取引（支払・決済）を行うもので、企業・個人共に、その取引預金口座（普通・当座預金など）を使って、銀行などのコンピューターによるオンラインサービスで支払・決済が指図されます。

　各銀行は「全国銀行データ通信システム」で接続されており、銀行間の決済は、日銀に各行が設けている当座預金の入金・引き落としによって行います。

JAバンク

　非営利を目的とした協同組織金融機関として、JA（農業協同組合）・信連（都道府県レベルの連合会組織）・農林中央金庫で構成されます。金融機関として
①金融商品（普通貯金や定期貯金などの他、国債や投資信託）の提供
②住宅ローンや各種ローンの取り扱い
③農業関連資金や農業近代化資金の融資
を行っています。また農林中央金庫は、世界でも有数の機関投資家の地位を占めています。

預金準備金（預金準備率）

　日本の民間銀行は、預金者の預金引き出しに備えるため、預金額の一定割合（預金準備率といいます）について、各銀行が日本銀行に設けている当座預金（日銀当座預金）に預けておかねばならないことになっています。日本銀行は、この預金準備率を上下させることで、市中に流通するお金の量を変動させることができます。たとえば日銀が準備率を下げると、銀行が預けるお金が減り、その分銀行は企業などへの貸出しに使えるため、市中に流通するお金（マネーストック）は増大し、金融緩和の効果が発生します（12章）。

　一方、現在の日銀当座預金は、マイナス金利（2章）の項で学んだ通り、残高に応じて区分されて一部には利息が付けられています。

リレーションシップ・バンキング

　一般に、金融はその相手（顧客）により、リテールバンキング（個人／家計や中小・零細企業が顧客で、小口な取引が中心）と、ホールセールバンキング（大企業が中心の大口取引先が顧客）に分類されるのが普通です。これとは別に、主に信用金庫・組合などが、①業務を行う狭い限定地域（たとえば地元企業や商店街）を中心に、②会員を中心とした顧客に、③地域密着で、きめの細かい、金融サービスを行う、リレーションシップ・バンキングが戦略として実施されています。

　とくに、地方経済が a．バブル崩壊による経済低迷や b．グローバル化を背景による大企業の海外移転などによる空洞化 c．少子高齢化に伴う地域顧客の減少傾向、d．中小・零細企業の後継者難、など構造的な問題を抱えているなかで、
・会員企業・個人の相続や法律相談
・後継者難に悩む企業のM＆Aや売却、後継者あっせんの相談
・さまざまなまちおこし、地域新興
といった分野に貢献する金融サービスが求められています。

第6章 金融機関の種類と機能②
証券会社・ノンバンク・ファンドなど

投資の時代の主役は誰？

投資の代表は株式だから、「投資の時代の主役」は証券会社ってことですね？ サークルでもネット証券を利用している先輩が多いです。でも就職先としては、証券会社って営業ノルマがきつそうですよね。売上げのために、株をお客に押しつけセールスするなんていやだなあ。

はやとくん、業界を昔の印象バイアスや思いこみで決めつけるのは間違いね。しかも証券会社は個人投資家ももちろん大事だけど、新会社の設立や上場、増資や債券発行など企業の資金調達の主役なの。経済・金融における証券会社の役割は重大なのよ。

そうなんですか。全然知りませんでした。ちゃんと業界研究して就活しないと失敗しますね。

それに証券会社もみな同じことをやっているわけではないから業務内容をよく確認してね。個人や法人企業に総合金融サービスを提供する大手証券会社と、個人投資家が主な顧客になるネット証券ではかなり違うわ。

なるほど。ところで、証券会社のインターン募集要項に「インベストメント・バンキング」志望コースがあるんですが、外資系ってことですか？

日本の証券会社の業務の一部門よ。これまで主に米国のインベストメント・バンク（投資銀行）が行ってきた業務なの。企業の合併や買収のアレンジやファンドビジネスとかデリバティブ商品の開発を担当するの。

なんか面白そうだしカッコイイですね。日本の外国企業買収（M&A）が過去最高を記録したと聞いたけど、証券会社が活躍しているのですね。

証券会社の役割とは

　お金に余裕が出れば、まず銀行か郵便局に預ける風潮が伝統的に強かった日本ですが、1990年代以降、長期にわたり低金利と経済の低成長が続く中、家計としても将来を考えてリターンを積極的に得ようとすれば、相応のリスクを覚悟せざるをえません。ここでは「投資の時代」の中心となる証券会社の業務をまとめておきましょう。

1．証券会社の4大業務
　伝統的な証券会社の業務は、舞台となる市場（発行市場か流通市場か）と、リスクもしくは成果の帰属先（顧客か証券会社か）により、以下の4つに大別できます。
　①ブローカー業務（流通・顧客）
　②ディーリング業務（流通・証券会社）
　③アンダーライティング業務（発行・証券会社）
　④セリング業務（発行・顧客）

2．ネット時代の証券会社
　日本でインターネットでの株取引（オンライントレード）が始まったのは1998年といわれています。その後、ネット人口の増大、株式売買手数料の自由化が追い風になり、大手の口座数だけでも1000万を超えてきています。ネット取引専業の証券会社は、店舗（固定費）や人件費を抑制することで売買手数料を低く抑え、年々シェアを伸ばしています。

3．リスクマネーの仲介者：ファンド
　3章で登場したハイブリッド金融機関です。ハゲタカといったイメージが強いですが、ハイリスクテイカーとして、金融仲介機能は高まりつつあります。ファンドにはいくつかの種類がありますが、詳しくは、78頁「投資ファンドによる金融仲介」を参照してください。

4．インベストメント・バンキングからイノベーションバンキングへ
　証券会社のインベストメント・バンキング業務には、①企業のM&A支援（アドバイス提供やファイナンス手段の提供）、②経済・財務に関する戦略的アドバイス、③デリバティブ商品創出、④各種ファンドへの関与、などがあります。いずれも欧米（とくに米国）投資銀行が主導し、グローバルに発展、高収益をあげてきました。リーマンショック後は、証券会社の新たなビジネスの柱として、a）ソリューションビジネス、b）コンサルティングがあります。

5．一般投資家への助っ人「NISA」の登場
　日本では、バブル崩壊と金融システム危機に始まる「失われた20年」で生じた資産価格低迷や経済のデフレ化により、一般投資家のリスクへの消極的な姿勢が続き、預貯金への資金の偏りを生んだといわれます。こうした状況を打開するために導入されたのが「NISA」（7章）であり、証券会社の戦略商品としては、新型資産運用サービスである「投資一任契約」（ラップ口座⇒79頁）があります。

第6章 証券会社・ノンバンク・ファンドなど
投資の時代の主役は誰？

証券会社の4大業務

　証券会社は文字通り証券を扱う会社で、3章で学んだ「直接金融」すなわち資金需要者と資金供給者が、有価証券によって市場で結びつくことを手助けします。現在は**証券仲介業制度**が設けられ、投資家は、仲介業者を取引の窓口にできますが、証券取引所（8章）をはじめ市場にアクセスするには証券会社の取次が必要です。また証券会社は、有価証券（株式・債券）の売買だけではなく、株式公開や債券発行（発行市場）にも関わることから、企業が市場で資金調達するときに重要な役割を果たしています。

● さまざまな証券会社

＊金融商品取引法
旧証券取引法、投資顧問業法などを一本化して2007年に施行されました（9章参照）。

　証券会社は、銀行（免許制）とは違って、金融商品取引法＊により一定の要件を備えれば設立可能（登録制）です。現在約300社ありますが、主力業務がどこにあるかで、それぞれ企業の特色を出しています。

① **大手・総合証券会社**　以下に述べる4大業務＋インベストメントバンキング業務（投資銀行業務）で、法人ニーズに対応し、個人・家計投資家に対しては、フィナンシャル・アドバイザーや支店を通じた投資アドバイスを提供、さらにネット取引を充実させるなど、フルラインサービスを提供しています。また海外拠点を持ち、グローバルな証券ビジネスを展開しています。なお、大手・準大手の一角に、メガバンクなどの傘下の銀行系証券会社があります。

② **地方／中小証券会社**　地域の企業や個人（リテール）との取引を重点的に展開して得意分野を中心に営業資源を注力し、生き残りと差別化を図っています。

＊ネット証券3つの魅力
・手数料の安さ
・取引口座開設が簡単
・取引時間が自由

③ **ネット専業証券会社**　インターネットの普及で株式などの取引がネットで行える（オンライン・トレード）ようになり、新たなビジネスモデル＊の証券会社が登場しました（⇒80頁「ネット専業証券会社」）。

● 証券会社の4大業務

　証券会社の主要業務は、ビジネスを行う市場の違い（証券の流通市場あるいは証券の発行市場）、リスク・成果の帰属先（顧客の勘定あるいは証券会社の勘定）によって、以下の4つに大別されます＊（図1）。

＊すべての証券会社が①〜④を行っているわけではなく、たとえばネット専業証券会社は①が主力です。

① 流通市場で顧客勘定＝**ブローカー業務**〔手数料収益主体〕
　顧客の注文を受けて、証券会社が流通市場に証券の売買を取り次ぐ業務。
　証券会社の収入は手数料。手数料自由化により競争は厳しい。

② 流通市場で自己（証券会社）勘定＝**ディーリング業務**〔売買益主体〕

証券会社が自分でリスクを負担して、証券の売買を行う。
③　発行市場で自己（証券会社）勘定＝**引き受け（アンダーライティング）業務**
　　企業が証券を発行するとき、その全部・一部を証券会社が買い取り、保有する（後で④で売りさばく）。発行額が巨額の場合、複数の証券会社が、引き受けシンジケート団を組成することが多い。（証券の引き受け手数料）
④　発行市場で顧客勘定＝**セリング業務**〔手数料収益主体〕
　　証券発行企業や引き受け証券会社から委託を受け、投資家に証券を販売する業務。販売手数料が得られる。

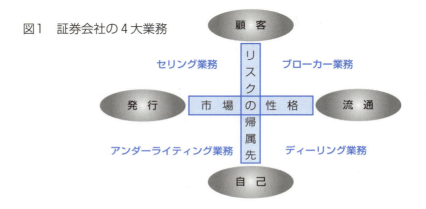

図1　証券会社の4大業務

● **証券ビジネスの特徴**

　一般に銀行などでは、貸出金など、保有する金融資産（ストック）が収益（利息他）を産んでいきますが、証券ビジネスでは、売買の仲介や、金融取引における手数料収入（FEE）および売買益が主力です（**フロー・ビジネス**）。

インベストメントバンキング業務

　証券会社には、有価証券に関わる4大業務以外にもさまざまな業務があります。①調査業務（経済・金融）、②投資情報業務（株式・企業情報の提供）などで顧客向けに市場や証券についての情報提供を行っています。

　また、証券会社は直接金融だけでなく、③折衷型金融（ファンド型金融・証券化金融など）でもじつは大きな役割を果たしています。さらに④市場で取引される新種の金融商品の開発や、デリバティブ〔金融派生商品〕の分野でも、証券会社（関連会社）が関与しています。こうした分野で、最初に新しい金融サービスを手がけて発展させたのは、主に米国のインベストメントバンク（投資銀行）であり、

これらの業務をまとめて、インベストメントバンキング業務（投資銀行業務）と呼ぶことがあります（**図2**）。

図2　インベストメントバンキング業務

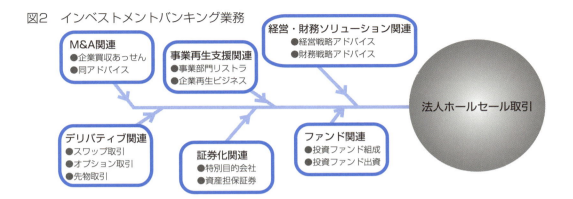

● **インベストメントバンキング（投資銀行）業務**

　日本でも**図2**に示される業務の比重は着実に増大しており、証券会社が力を入れてきています。とくに大手証券会社では、外資系証券会社・投資銀行に対抗して、投資銀行業務を大企業相手の取引（ホールセール）で展開し、企業取引での主導権取得・高収益獲得を展望しています。

① M&A（企業買収）の、買い手・あるいは売り手（被買収企業）に対して、的確なアドバイス（企業価値の算出・攻防の戦略）を提供し、手数料を得る。
② 投資ファンドを設計したり、種々のファンドとの取引を行う。
③ 企業（大企業）の事業再編・再生を支援する。
④ 経営・財務に関する戦略的アドバイスを提供する。
⑤ 金融技術を駆使して金融デリバティブ商品を創りだす。
⑥ 証券化ビジネス（資産→証券への証券化プロセスの実施）

　一方、これまでこうした業務を主導してきた米国のインベストメントバンクは、⑥がもたらした2008年のサブプライム金融危機（3章）のために大打撃を受けてしまいました。

ノンバンク・保険会社の役割

　間接金融系で代表的な非預金受け入れ金融機関には、Ⓐノンバンクと Ⓑ保険会社があります。両者とも預金以外の方法で資金調達を行い、企業・家計などに金融仲介を行っています。またⒶは、消費者・事業者に対する信用供与を、Ⓑは保険証券を販売してその資金により種々の金融仲介活動を行っています。

● **ノンバンク金融機関**

　ノンバンク金融機関は、消費者向けと事業者（企業）向けに分類され、いずれも社債発行や銀行借り入れなどで資金を調達し、金融仲介を行います。

　消費者向けの場合、直接お金の貸付けを行う**消費者金融**（消費者金融会社、クレジットカード／信販会社のキャッシング）と物品購入の際の**販売信用**（分割ないしは後払い）に分かれますが、消費者にとっては、簡便に利用できる債務として利便性は高いです。反面、一般に支払い金利が高く*、カードなどの使い過ぎ、借り過ぎや厳しい債務取立などによるトラブル、多重債務・自己破産などの問題や、カード犯罪が頻発するようになりました。そこで銀行以外のノンバンクから借りる無担保ローン（およびキャッシング）について年収の3分の1以内に制限される「総量規制」が導入されています。

＊支払い金利
2006年に貸金業法が改正される前は、上限金利が高く（年29.2パーセント）、利息制限法の上限金利（年20パーセント）を上回る金利（グレーゾーン）が適用されていました。

消費者向け金融（販売信用）

① **クレジットカード会社**　約50兆円の市場規模（2015年）。電子商取引（EC）の支払でクレジットカード決済が増大している。

② **信販会社**　消費者の代金を立て替えて支払い、分割払い（割賦）で回収する。自動車メーカーやデパート・スーパーの子会社の場合も多い。

消費者向け金融（消費者金融）

③ **消費者金融会社**　貸付残高は約4.5兆円。無担保・無保証で簡便な審査により小口の資金を貸し出す（高金利）。法律の改正や総量規制などで業界規模は縮小している。

④ **販売信用業者**　①クレジットカード会社や②信販会社は、消費者へのキャッシングにより融資も行う（高金利）。

事業者向け金融

⑤ **リース会社**　機械設備などを長期間使用させ、リース料を徴収する。

⑥ **事業者金融会社**　中小・零細企業に対して貸出しを行う（高金利）。

⑦ **ベンチャー・キャピタル**　高成長が期待できる企業に投資・貸出を専門に行う。政府系の「産業革新機構」をはじめ金融機関、商社、大手企業の傘下企業が存在する。ファンドの形も多い。

　こうした金融サービスは、独立専業金融機関および金融グループ（メガバンクなど）傘下企業が展開しています。また消費者金融では、2006年の法規制強化（上限金利引下げ、超過金利無効返却義務問題）により環境は一段と厳しくなり、業界の再編成や銀行グループなどとの提携が進行しています。

第6章 証券会社・ノンバンク・ファンドなど
投資の時代の主役は誰？

● **保険会社（生命保険・損害保険）**

保険会社の金融商品 第一義的にはリスクに対応するリターンを提供するのではなく、個人・家計が直面する可能性のある、さまざまな重大リスク＝将来の不確実性（生命・疾病・怪我・天災・住宅や車などの重要な資産の損害など）に対しての何らかの**手当て・備え・損失補てん**を商品化したものです。

保険契約により多数の契約者から資金が流入しますが、これを企業などの資金需要者に仲介したり、機関投資家（⇒79頁）として株式・債券に投資します。また、金融仲介・投資などによる利益を保険契約者に還元（配当など）します。

生命保険・損害保険 生命保険（主に死亡保障と医療保障）、損害保険（交通事故や傷害、火災などの損害や賠償責任を保障）ともに保障機能が柱ですが、前者は貯蓄機能も重視した商品が主力となっています。とくに生命保険会社は、機関投資家として投資を行い、市場や金融機関に影響力を持っています。しかし、90年代銀行と同様、経営悪化（運用実績が保険予定利率を下回り逆ざや）や破綻が生じ、2000年以降は大規模な保険金不払い問題が生じるなど、厳しい環境が続きました。生保・損保業界も再編・統合が続きましたが、近年は海外（とくにアジア）への進出や投資、高齢化の加速による医療・介護分野のニーズ増に対応した商品設計、投資が進んでいます。

金融市場とファンド

金融市場およびファンドについては3章で学びました（⇒38頁）。近年、金融市場ではさまざまな形でファンド（投資ファンド）の存在感が増しています。

● **ファンドの機能**

投資ファンドは今やリスクマネー仲介の主役になりつつあります。投資ファンドは金融商品としての投資信託（公募・契約型ファンド）とは別のものですので注意してください（⇒78頁「投資ファンドによる金融仲介」）。

投資ファンドとしては、グローバルな投資活動で有名な**ヘッジファンド**や、**企業再生ファンド**などが有名です。国内や海外で多くのファンドが設立されていますが、近年は有力途上国や産油国などの**官製ファンド**（ソブリン・ウェルス・ファンド、SWF⇒79頁）が巨額なグローバル投資を行っています。日本の場合は当初、経営危機／破綻企業の救済・再生を目的とする官民ファンドが設立されました。最近は成長支援や産業の新陳代謝を図る官民ファンドが積極的に活動しています（産業革新機構⇒80頁）。

● **ファンドの歴史**

　ファンドは1950年前後に誕生したとされていますが、その短い歴史のなかで数々の金融市場の大変動や金融危機・通貨危機に関わってきました。有名な事例を挙げてみます。

A．1992年　欧州通貨危機：ジョージ・ソロス氏のヘッジファンドが英国ポンドをEMS（欧州通貨制度）離脱に追い込んだ。

B．1997年　アジア通貨危機：タイバーツに始まるアジア通貨危機の原因となった。

C．1998年　有力ヘッジファンドLTCMが、ロシア国債の取引で失敗し、巨額の損失を抱えたことから、当時の米国FRB（グリーンスパン議長）が救済のアレンジに動いた。

D．2007〜08年　米国サブプライム危機：証券化商品を多額保有した欧米ファンドの破綻が引き金を引いた。

● **投資家の行動と投資家教育**

　金融市場、なかでもとくに株式市場では、すべての投資家が、リスク・リターンの原則に基づいて合理的に意思決定するとは限りません。株価の決定要因や株価評価指標については8章で学びますが、実際の市場の動きや投資家行動には理論だけではまったくと言ってよいほど予測できない特徴や傾向があるのも事実です。有名な「ケインズの美人投票」のたとえ（⇒80頁）で、投資家の行動パターンを示した例をはじめ、投資家行動はさまざまな傾向が存在します。

　行動ファイナンス理論（⇒79頁）では、こうした投資家行動を投資家心理などに注目して科学的に分析しています。一方で、個人の投資家（消費者）については、法令（金融商品取引法など）の保護強化と併せて、自己責任時代にふさわしい「投資家」育成への地道な教育がますます重視されています。

● **金融市場の混乱（「バブル」と「バースト」）**

　みなさんは、「バブル」という言葉を耳にしたことがあるでしょう。バブル（bubble：泡）は、経済や金融の世界では、無視できない大問題なのです。バブルとは、さまざまな資産・金融商品などが、本来の価値を超えて、急騰してしまうことです。物価全般が上昇するのであれば、インフレーションですが、バブルでは、資産（土地・不動産）や金融商品（株式など）の価格が、突出して上昇するのです。しかし「バブルと判定されるのは、後でバブルがはじけてから（バースト：burstといいます）だ」とか、あるいは「バブルは、はじけるまではバブルではない」などという議論があるのも、バブルが進行している途中に、これを正しく認識し、ブ

第6章 証券会社・ノンバンク・ファンドなど
投資の時代の主役は誰？

レーキをかけるのがいかに困難であるかを示していることに他なりません。

昨今、巨大なバブルの形成とその崩壊（バースト）が経済・金融に大きな打撃と深刻な混乱を与えた例として、他ならぬ日本の例（1980年代末〜90年代）＊と、米国の例（サブプライムローン問題で2007〜09年）があります。

さまざまな資産や金融商品で、バブルが形成される原因としては、

① まず実際の需要の高まり（実需）の存在
② 多くの市場参加者の予想・期待の一致
③ ①②が拡大することを助ける客観的条件の存在（経済・金融の条件、とくに通貨供給量や流動性水準が高まるなど）
④ ①②への根拠付け（バブル価格への追認）
⑤ ブーム化（メディアなどによる）
⑥ 投機資金の流入、などが考えられますが、市場参加者の「期待」「心理」が大きな要素を占めていることは間違いないようです。

＊バブルの崩壊
日本では、80年代後半より、資産価格が急騰し、とくに株式市場では、株価（日経平均株価）が急上昇しました。80年代前半10,000円未満だったのが、86年以降急激に上昇し、89年には38,000円台に達しました。しかもバブルが崩壊すると今度は、一時7,800円台に落ち込むなどピーク時の4分の1以下になってしまったのです。（もっとも2008年米国リーマンショックの波及などで、日経平均株価は2008年10月には再び8,000円台を割り込んでしまいました。）

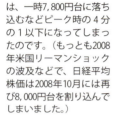

金融のスポットライト 「ベア」と「ブル」——強気と慎重さのバランスが重要

株式市場では、相場が上昇を続ける局面と、下落が続く（続落）局面が見られます。

米国では、前者が強気相場（ブル：牛、bull market）、後者が弱気相場（ベア：熊、bear market）と呼ばれていますが、相場の状態だけでなく、投資家のマインドを指し示す言葉としても使われているようです。日本のバブル期（80年代後半）では、株式相場でブル一色という時期が見られましたし、バブル崩壊・平成不況期では、ベア基調が長く続きました。積極的にリスクを取り強気で押す投資家マインドをブル型、弱気でリスクに慎重な投資家マインドをベア型とすれば、90年代、市場参加者のマインドが激しく変動していることが見てとれます。しかしビジネスの世界では単純に、ブル＝強気、即決、独断、ベア＝慎重、優柔不断、臆病、ということではありません。投資の決断や意思決定という局面では、ブルとベアの組み合わせがさまざまにあらわれます。

例を株式市場で見てみましょう。投資家によく見られるタイプの1つに、「投資を行う時：ブル、損失に直面した時：ベア」の組み合わせがあります。投資を行う際に、強気な決断と直感で押し（ブル）、一方、損失に陥ってくると、売却して損失の確定につながる決断はなかなかできず、「そのうちに相場が回復するのでは」という希望的観測にすがる優柔不断なベアになってしまうケースです。投資が損失に直面した際には、相場の動向を十分に検討して、撤退（ロス・カット）するべきかを、しっかりと決断しなければならないのですが、多くの場合、結論を先送りに（様子見）して、損失を拡大してしまいがちです。

**金融基礎力
レベルアップ講座**

投資ファンドによる金融仲介

投資ファンドはファンド型金融（3章）により、グローバル経済下のリスクマネーの仲介役として、その役割は急速に高まってきています。投資ファンドは、ファンド（入れ物）を設定して、投資家から資金を集める点では、投資信託（9章）と同じですが、以下の点で大きく異なります。

①大口出資の限定された投資家	②組織はパートナーシップ／組合方式が主体	③ファンド運営責任者も出資。成功報酬制
④さまざまな収益機会ごとに異なった種類のファンドを設立	⑤ファンド資金をもとに、さらに巨額借入れ（レバレッジ）も可	⑥目標とするリターンは通常投資に比べ非常に高水準

これらのファンドは、資金運用規模も大きく、機動的な金融仲介を積極的に行っており、金融市場でのプレゼンスは、拡大を続けています。

投資ファンドは、投資目的・投資対象の違いにより、以下に分類されます。

プライベート・エクイティファンド 非上場企業に投資を行ったり、経営権を取得し、事業再編や再建、活性化等で企業価値を高め、株式を売却・上場するなどで利益を得るファンドです。

企業再生ファンド 企業／事業部門に投資（株式取得など）し、企業の経営改善・再編・再建を目的にさまざまな金融行動を起こします。とくに不良債権化した分野に集中して投資し、再建ビジネスを専門に行う（成功後売却）ファンドも多くあります。

ベンチャー・ファンド 最先端のベンチャー・ビジネス（バイオ・ITなど）で株式未公開企業に投資し、公開までの経営・財務を支援します。

不動産ファンド オフィスビルやマンションなど収益不動産に投資し、（ローンと組合せて）運用・売却により、高いリターンを得ます。

ヘッジファンド 各種金融商品・通貨・市場性商品などに、さまざまな運用戦略により投資を行い、高いリターンを得ます。

これらのファンドと、銀行・証券会社・保険会社などとは、密接な関係があります。①証券会社（とくに外資系投資銀行）は、ファンドの設立・運営に関わることが多く、ファンドが手掛けるM&Aなどのアドバイザー契約などにより、多くの手数料を獲得します。②銀行なども傘下の証券会社などを使ってファンドに関わったり、ファンドに資金を供給したりします。③つまりファンドは、自己資金だけでビジネスを行うわけではなく、さまざまな金融機関との関わりは大きいのです。

一方ファンドは、通常の金融機関に比べて、その投資行動への規制が緩く、また実態の公表（ディスクロージャー）も少ないため、ファンドの危機が発生すると、金融市場に大きな混乱をもたらすことにもつながります。

第6章 証券会社・ノンバンク・ファンドなど
投資の時代の主役は誰？

キーワードを学ぼう

 機関投資家

一般には、資金の運用・投資を専門に行う金融機関や組織（団体）を指します。たとえば保険会社や年金基金などは、保険料や年金保険料といった他人の資金を集めて金融市場で運用します。動かす資金が巨額なため、市場（とくに株式/債券市場）に大きな影響を与えます。

 ソブリン・ウェルス・ファンド（SWF：政府系ファンド）

各国の政府が設立したファンドで、巨額の資金を運用します。オイルマネーを持つ中東諸国や、中国・シンガポールの外貨準備運用、ノルウェーの年金基金などが有名です。実態や投資方針そして運用結果が公表されないことが多いですが、市場での存在感は大きく注目度が高まっています。

 投資一任契約（ラップ口座、ファンドラップ）

個人投資家が、証券会社や信託銀行などと契約を結び、投資家のリスク限度や運用スタイル（ポートフォリオ）に適合した総合的運用を一任するものです。投資家は残高に応じた手数料と成功報酬を支払います。もちろん一任といっても、投資家にとって、運用の報告のチェックや結果のモニタリング、投資方針の見直しなどを怠ってはなりません。

 行動ファイナンス理論（Behavioral Finance）

経済学の理論は、そもそも経済行動や意思決定の主体が「合理的な経済人」であることを前提に成り立ってきました。しかし、現実の人間の行動には合理性ではとても説明できないものも多く、実際には理論があてはまらないことが多いです。そこで、心理学などの経験科学を応用した「行動経済学」（ゲーム理論で有名）の研究がさかんになりました。この中で、「投資行動」などを扱った理論が行動ファイナンス理論です。実際の投資行動の事例に見られるさまざまな非合理的側面や、その原因について分析しています。投資家心理に見られる各種バイアス、投資家の判断が向かいやすいショートカット（ヒューリスティック）、プロスペクト理論などがあります。

● ヒューリスティック（heuristic）

結論や行動に至る過程で思考が陥りやすい、「合理的」判断とは別の「近道的」判断のことです。次の①〜③が指摘されます。投資活動をはじめ、経済活動に大きな影響があると考えられます。
①代表性：典型的（代表や平均）と認識した事例を判断に利用し、妥当性の根拠にしてしまう。
②利用可能（検索容易）性：日常や経験から簡単に利用できる判断に依存してしまう。
③固着性（アンカーリング）：第一印象や思い込みにひきずられてしまう。

● プロスペクト理論

1979年カーネマン（ノーベル経済学賞受賞）らが発表した、不確実性のもとでの意思決定理論のこと。投資家の持つ投資価値尺度（主観的価値関数）では、利益と損失がたとえ同額であったとしても、損失の方がより大きく感じてしまう「投資家心理」や、その結果生じる「投資家行動」を分析しました。

ケインズの美人投票のたとえ

　ケインズが、『雇用・利子・および貨幣の一般理論』の中で、金融市場における投資家行動パターンとして指摘しました。すなわち投資家の行動は、「美人コンテスト（参加者の投票で勝者を決める）＝最も多くの投票を獲得した候補者に投票した参加者が、賞品を得られるというルール」に参加する者の投票行動と類似するというものです。コンテスト参加者の投票は、（賞品を得るために）、自分の独自の判断を捨てても、最も多く投票を得られそうな（多くの参加者が必ず美人と思う）候補に集中する傾向があるというのです。株式投資でいえば、人気がある、皆が買っている、風評が高い、といった銘柄がまず選択され（需要増大）、その結果として株価がさらに上昇することになります。

 ネット専業証券会社

　通常の証券会社のように店舗や証券外務員を置かず、個人投資家に株式売買や口座開設について競争力ある手数料体系を提供し、ネット取引を増やす戦略です。対顧客ブローカー業務に注力します。リアルタイム株価サービスなどマーケット情報サービスもネットで即時に入手できることから、若年層の投資家の利用が急増しています。

 投資銀行（米国）

　投資銀行（インベストメントバンク）は米国で19世紀前半に誕生し、大企業や政府の資金調達に重要な役割を果たしてきました。預金を受け入れる商業銀行とは異なり、資本市場で株式や公社債の「引受」を行うことが主要業務で、一般大衆顧客（リテール）主体の証券会社とも区別されてきました。

　投資銀行は、金融業界の中でもプレステージが高く、なかでもモルガン・スタンレーやゴールドマン・サックス等はウォールストリート（米金融産業）の主役として、以下、数々の金融イノベーションを生み出し、金融市場の発展に貢献してきたといえます。①各種の金融新種商品の創出、②LBO（レバレッジ）を使ったM＆A、③各種デリバティブの創造と市場化、④さまざまなファンドの活用、⑤証券化ビジネスなど。

　しかし、2007～08年のサブプライム危機・リーマンショックを引き起こしたことから激しい批判を浴びると共に大きな打撃を受け、再編を余儀なくされています。

 産業革新機構

　2009年、「産業競争力強化法」に基づいて設立された投資ファンドであり、政府および民間企業が出資を行う「官民ファンド」です。先端技術や新事業、ベンチャー企業などに投資を行い、あるいは企業の再編（事業、子会社のリストラクチュアリング）を行うことで、産業・企業・事業の新陳代謝を図ることが目的です。

　現在、日本にはさまざまな目的で設立された官民ファンドが活動しています。たとえば、地域経済の活性化や中堅中小企業の事業再生を目的とする地域経済活性化支援機構（日本航空の再建などを主導した企業再生支援機構が前身）などがあります。

第7章 家計と金融①
預貯金と債券
「安全資産」は投資の基本

ここからは「家計の金融学」つまりパーソナル・ファイナンスを学びましょう。自分自身の資産運用は、知識に加えて実践力が問われる応用問題よ。

まだ運用する資産がないのでピンとこないなあ。ところで、なぜ「貯蓄から投資の時代へ」って言われるんですか？「貯蓄」はもう時代遅れで、これからは「投資」がおすすめということなのかな？

さっそく応用問題になるけど、4章で学んだ「リスクとリターンの原則」や「ポートフォリオの発想」で考えてみて。ベストな資産運用にするには貯蓄と投資はどう組み合わせるのか、すべて貯蓄でいいのか、ということね。

つまり、ローリスク・ローリターンの貯蓄と、ハイリスク・ハイリターンの投資を組み合わせるのがいいんですね。でも日本では貯蓄を選ぶ傾向がとても強いですよね。海外ではどうなのかな？

金融先進国といわれる米国では、家計金融資産に占める現金・預金の比重は約1割なのに、株式・債券・投資信託といったリスク資産は5割を超えているの。日本では現金・預金派が5割だからちょうど逆ね。ヨーロッパは日本と米国の中間かな。

へえ、そんなに違うのか。なるほど、金融ってグローバルのようでけっこうローカルなんですね。でも僕なんか、いつも金欠病で、「現金・預金派」にも入らないけどなあ。まずは早く奨学金を返さなくっちゃ！

「ローリスク・ミドルリスク」の資産選択

　「投資」とか「資産選択」といっても、学生のみなさんにはあまりピンとこないでしょう。それに卒業してもしばらくは貯蓄どころではないかもしれません。でも社会人になればやはり計画性によって結果に大きな差がでてきます。月々少しずつでもお金を残し、資産選択に回す「元手」を作ることが大事です。それに貯蓄だってローリスクな金融商品への投資ともいえます。さらにミドルリスク資産といわれる債券を学びましょう。

1. 自己責任時代の資産選択：重要な金融基礎力4つのポイント
　①リスク・リターンの十分な理解と把握
　②ポートフォリオ・マインドの醸成
　③自分のライフプラン、ライフサイクルに対応した資産選択
　④資産選択（決断から結果まで）について「自己責任」であることの徹底

2. 日本の「家計ポートフォリオ」の特色
　日本の家計における金融資産は現金・預金が約50％を占め、「安全性」「流動性」を重視するポートフォリオとなっています。これは株式など収益性の高い「リスク資産」への投資が優勢な米国と対称的です。こうした国による違いは、それぞれの歴史的・社会的背景や経済環境を反映したものといえます。

3. 預貯金（安全資産）の特徴
　預貯金は無リスク資産ともいわれ、すべての投資の原点となります。
①流動性が高い「預金通貨」で、金融機関が元本・利息を保証する金融資産。
②預金保険制度が背後に存在し、一定限度額まで保険で保証される（預金者保護）。
③要求払い性預金（当座/普通預金など）と定期性預金に大別される。

4. 債券投資がわかれば金融の達人
　債券は株式と預貯金との中間の「ミドルリスク資産」といわれます。債券はつねに価格（流通市場）と利回りが変動します。そのため金利（短期・長期）の動向や金融政策についての理解や予測が必要です。
①債券は発行体の長期負債（借金）。期限には額面全額（元金）が返済され、定期的に利子が払われる。
②株式と同様「有価証券」であり、期限前でも流通市場で売買（ただし時価）できる。
③発行体は、国（国債）、政府機関（政府保証債）、地方自治体（地方債）のほか、企業（社債）、特別目的会社（仕組み債、証券化の場合）などがある。
④日本の債券市場残高は約1100兆円にのぼり、公共債、とりわけ国債の比重が高くなっている。

5. 債券のリスクと格付け
　債券のリスクには、A. 信用リスク、B. 価格変動リスク、C. 流動性リスクなどがあります。A、つまり債券の元利金がきちんと払われるかを判断するのには、主に格付機関による格付が参考になります。

第7章 預貯金と債券
「安全資産」は投資の基本

「貯蓄から投資の時代へ」の意味

● 低金利時代の金融資産選択

日本経済では、バブル崩壊から平成不況長期化のなかで、90年代後半以降、現在（2017年）に至るまで低金利時代が続いています。金融政策では1999年にゼロ金利政策*が導入されました。

その後あらたに「量的緩和政策」も断続的に実施されています。さらに2016年には、金融緩和を強化するため、マイナス金利政策（2章）が導入されるなど、当面、低金利状態*から脱却することは難しい状況といわざるをえません。

こうしたなかで、預貯金についても低金利が続き、期間1年の定期預金の年利率で0.1％未満（メガバンクのスーパー定期で2017年8月の水準）という状況です。80年代末までのように、貯蓄型金融商品を選んでいれば、リスクをほとんどとらずに、しかも現在から見ればかなり高いリターンを確実に得られた時代は、当面はまず期待できません。

こうした背景もあって、現在金融政策で「デフレからの脱却」が図られると同時に「貯蓄から投資へ」という言葉が代表するように、各家計が自己責任でリスクを引き受けながら、多様な金融商品の中から資産選択をする時代になったことが強調されています。また2014年にはNISA（少額投資非課税制度）（⇒92頁）など投資を後押しする本格的な政策が登場しました。一方、金融商品も、グローバル経済の拡大のなか選択肢が広がり、投資信託、FXといった取引にも多くの一般投資家が参加するようになりました。こうした環境変化を理解しこれに対応していくためにも、1章で説明した「金融基礎力」が必要ということがおわかりでしょう。自己責任時代の金融資産選択やパーソナル・ファイナンスについては、知識と知識活用力が不可欠なのです。

*ゼロ金利政策
2章で学んだ短期金利コールレートを事実上ゼロ％に誘導する政策のことです。（⇒5章、12章）

*低金利状態
1990年代から長期間、経済はデフレ基調でもありました。この時期は2章で学んだとおり、実質金利＝名目金利－期待インフレ率（デフレはマイナスの期待インフレ率）が名目金利より高かった、あるいはマネーの価値が高かったともいえます。

日本の家計による資産選択

日本銀行『資金循環統計』（2017年3月）によれば、約1800兆円にのぼる日本の家計金融資産構成は、現金・預金が約52％を占め、有価証券約12％（債券2％、株式10％）、投資信託5％、保険・年金約29％であり、現金・預金の比重が非常に高いのが特色です。この比率は欧米先進国と比べても高い水準です（欧州で比較的高いドイツ・フランスで30％台、米国では約13％）。

一方、日本では株式・債券・投資信託合計で約17％に対して、米国では、52％を

超え高いウエイトを占めています。また保険・年金については、日本・米国共に約3割とほぼ同水準です。両国とも高齢化社会に到達し、老後・不時への備えをある程度、資産ポートフォリオに準備していることが見てとれます（**図1**）。

図1　日本・米国の金融資産構成（各％）　（資料）日本・日本銀行「資金循環統計」2017年3月
米国・FRB "Flow of Funds" 2016年3月

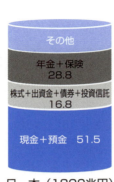

＊詳しくは91頁「日本家計の資産選択とポートフォリオの特色」参照

こうしたポートフォリオは、各国家計の現在の金融資産選好を示すと共に、各国家計の歴史的事情・背景・経済環境等を反映したものです＊。

預貯金は金融商品の原点

預貯金は、金融資産の中でも典型的な安全資産（安全性の高い資産、つまり**ローリスク・ローリターン**）であり、次の特徴があります。

① 　現金と並んで流動性の高い通貨（**預金通貨**）である。
② 　**元本保証**があり（受入金融機関が返済確約）、利息（利率）は確定。
③ 　②に加えて、**預金保険制度**（⇒次頁）が背後に存在する。（預金者保護）
④ 　要求払い預金と定期性預金に大別される。またこれを組み合わせた**総合口座**が家計の財布代わりとして広く使われている。
⑤ 　定期預金を中途解約すると、通常の定期預金利息より低い解約利息になる。
⑥ 　ゆうちょ銀行の「定額貯金」に対応する解約自由型定期預金（一定の据え置き期間経過後は引き出し自由で定期預金金利が適用される）が地銀などで導入されている。

預貯金のリターン＝　利息（年利率で確定）

預貯金金利が低位安定してしまっている昨今、金融商品としての魅力が薄れ、リターンの違いがあまり注目されない預貯金ですが、代表的な安全資産であり、

第7章 預貯金と債券
「安全資産」は投資の基本

資産選択の基本として重要な金融商品であることには変わりありません。預け入れ期間や金額に応じて、金利などが異なるさまざまな商品設計がなされています（図2）。

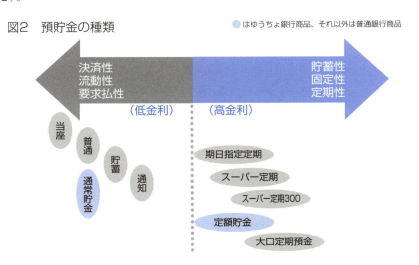

図2　預貯金の種類

● はゆうちょ銀行商品、それ以外は普通銀行商品

● 預金保険制度

銀行などの預金金融機関が、経営破綻などで預金の支払い不能になった場合に、預金者を保護する制度として、法律（預金保険法）に基づき、預金保険機構*が設立されています。

*預金保険機構
日本銀行や民間金融機関が出資。保険料も日本に本店がある銀行、信用金庫、信用組合などの金融機関が納める。

2002年までは、全預金が政府により全額保護されていましたが、2002年4月以降、預金保険が対象とする預金を限定し、**上限を決めて保護する（ペイオフ）制度**に切り替わりました（**ペイオフ解禁**）。これは、金融機関（ただし、外国に本店のある外国銀行の支店は除く）が保険料を払い、これら金融機関が支払い不能の事態になった場合に、預金保険機構が預金（外貨預金・譲渡性定期預金は除外）を、下記の①、②の範囲で支払います。

① 決済性預金（無利息・要求払い・決済サービス提供）は全額保護：当座預金・決済性普通預金が対象
② ①以外の要求払い預金（普通・貯蓄・通知）、定期性預金などは、金融機関ごとに預金者一人当たり1000万円の元本とその利息が保険により支払われる。

債券は「投資の時代」の主役？

「日本には1000兆円の借金がある」という話を聞いたことはありませんか。日本が抱える借金の大部分は国債、つまり債券のことです。積もり積もった各種の国

債はGDPの約2倍、そして株式時価総額をはるかに超えてしまいました。これを返済するのは、結局私たちの税金ということになるわけですから、無関心というわけにはいきません。

● 債券の種類

債券には形式や発行体による区分に加えて、発行時期・期間によって**図3**のように多くの種類があります。

A：公共債、B：民間債*、C：外債、D：仕組み債に大別できます。発行残高では国債の比重が高いです。

*民間債
事業会社の社債と金融機関の金融債

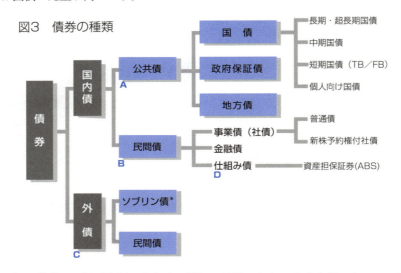

図3　債券の種類

*ソブリン債
日本以外の国、政府、公社、地方公共団体などが発行する。こうした外債のうち、円建てのものをサムライ債とよぶ（⇒92頁）。

一般に債券は、額面金額が大きく、償還が長期にわたる金融商品であって、民間債（社債等）を除くと、株式に比べて家計にはなじみが少ないといえます。一方、金融機関・機関投資家にとっては、重要な投資の対象となっています。これは、公共債（とくに国債）は残高が多いため巨額の流通市場を構成しているおり、重要なポートフォリオの対象となっているからです。

また「債券の利回り」（例題では償還期限まで保有する「最終利回り」を学びます）については、流通市場で既発行債券（既発債）を中途で売買する場合に、金利が上昇すると、債券価格が下落する関係（金利リスク⇒88頁）にあります。また長期金利は短期金利の動向に影響を受けるため、大量に国債を保有している銀行や保険会社等は、資産価格の変動の観点から、日本銀行の金融政策から目を離せません。

債券は、①発行者にとっては返済期限（償還期限）がある負債（借金）であり、購入者にとっては預貯金と同じく、期限になると元金（額面金額）とリターン（利

第7章 預貯金と債券
「安全資産」は投資の基本

息）が戻ってきます（利付債＊の場合）。②株式と同じく有価証券であり、購入者は償還期限前に市場で売買できます（ただし売却価格が額面金額を下回ることもあります）。債券は株式同様ペーパーレス化（電子化）していますが、通常、券面に記載される内容として、a．発行者、b．額面金額、c．償還期限、d．利息（利札＝クーポン）、e．利払い日、があります。

＊利付債
利付債とは別に、ゼロクーポン債（割引債）という種類もあります。これは、利息をつける代わりに、当初発売時に額面金額よりディスカウントした価格で購入できる債券です。

債券に記載されている内容（社債の例）

a．発行者	オリンピック・フィットネス株式会社
b．額面金額	200万円
c．償還期限	2015年3月
d．利息	年2.0％
e．利払い日	9月、3月

＊個人向け国債
個人投資家による国債保有を促進するため、一定期間後は、国が額面金額で買い取ることが保証されています。また額面も1万円単位で、期間も3年、5年、10年などがあります。

債券の代表的な発行体は国（**国債**）、政府機関（**政府保証債**）、地方自治体（**地方債**）のほか、企業（**社債**）、特別目的会社（**仕組み債**・証券化の場合）などがあります（**図3**）。返済期限までの期間は中長期が多いのですが、国債・政府保証債は短期もあり、国債は2年から40年まで幅があります。なお、日本政府が発行する10年物国債（期限が10年の国債のこと）の金利が、長期金利（2章）の基準となっています。また、個人のみが購入できる個人向け国債＊も発行されています。

債券は、発行体の負債（借金）であり、決まった利息を払って期限に返済するという点で、銀行預金（とくに定期性預金）と似ています（預金は銀行の借金です）。それではリターンは利息と等しいと考えてよいでしょうか。じつは、債券は発行後に流通市場で売ったり買ったりでき、その場合、価格は時価であることから、リターンは変わってくるのです。

債券のリターンを計算するには、「利息＋（購入時と売却時との価格差）」を1年あたりの利益に引き直した最終利回りが便利です。

債券のリターン［利回り］＝ここでは最終利回り

最終利回り＝市場で債券を購入して、償還期限まで保有していた場合の利回り

$$最終利回り = \frac{利息（クーポン）+ \frac{額面価格 - 購入価格^{**}}{残存期間^*}}{購入価格}$$

＊残存期間とは、購入時から償還期限までの期間
＊＊債券が発行された後、流通市場で購入した場合

> **例題**
>
> たとえば、市場で上記のオリンピック・フィットネス社の社債（2013年10月発行、期間5年、額面100万円、利率2.00%）を、2015年10月に98万5000円で買いました。もし償還期限まで保有した場合、最終利回りはいくらになるでしょうか？

●債券のリスク

みなさんは第4章で、主な「リスク」の種類について学びましたが、それでは債券には、どんなリスクがあるでしょうか。主なリスクは以下の通りです。

① **信用リスク** 債券の発行体が債券の元利金を、全部もしくは一部支払うことができない事態に対するリスク。この債務不履行のことをデフォルトといいます。発行体の信用度について、投資家は格付け機関が行っている**格付け**を利用します。ただし、格付けはあくまで1つの目安であり、絶対的なものではないことにとくに留意してください*。

＊2008年サブプライム危機では、米国の格付け機関が危機の直前までサブプライムローンを証券化した債券（ABS）に高い格付けを与えてしまったことに批判が集中しました。

> 格付けとは、債券の元本・利息が予定どおり支払われるかどうかについて、ランク付けしたもので、発行体の信用度の判断材料になります。米国・日本の格付け機関が行っており、**AAA(Aaa)を最上位とし、BBB(Baa)までが投資適格**とされています。一般に各国（長期債）の国債で比較すると、ドイツ、オランダ、カナダなどが高格付国です。

② **価格変動リスク** 債券は償還期限まで保有せずに途中で売却できますが、売却価格は変動します。債券価格変動に大きな影響を与えるのは、金利と為替（外貨建て債券の場合）です。

A：金利リスク

a．たとえば、2007年4月に年利2.0%の10年国債が発行され、購入したとします。額面を100万円とします（この国債保有により、毎年2万円の利息収入）。

b．その後市場金利（短期・長期）が上昇すると、2008年4月新たに国債を発行する場合は、利息を2.0%より高くする必要があります（たとえば2.5%）。

c．すると、この時点で、07年に購入した国債は、新しい08年国債よりも利息で不利なので、額面（100万円）で売却できず、額面割れしてしまいます。

　　購入時点に比べて売却時点で、金利が上昇　→　債券価格下落

第7章 預貯金と債券
「安全資産」は投資の基本

B：為替リスク 外貨建債券では外国通貨の為替変動リスクがあります。

たとえばUS$10,000の米国国債は、1US$＝120円では円換算で120万円ですが、為替が変動して1US$＝100円になると、100万円になってしまいます。

③ 流動性リスク：発行額が少額だったり、市場が小さい債券の場合、市場での債券の売却が順調に進まない（売れない）というリスクがあります。

一般に債券では、国債などのように信用リスクが低く、株式に比べて価格変動リスクも小さい一方、預貯金に比べてリターンは高いことで、さまざまな投資ポートフォリオに組み込まれます。しかし、2008年リーマンショックの原因はサブプライムローンを証券化（3章）した仕組み債（⇒86頁）の信用悪化でした。国債も含めて債券については、信用の悪化や価格急落など、リスクに十分注意を払うことが必要です。

● **国債について**

将来の日本を背負うみなさんに、ぜひとも認識して欲しいのが日本の国債の現状です。

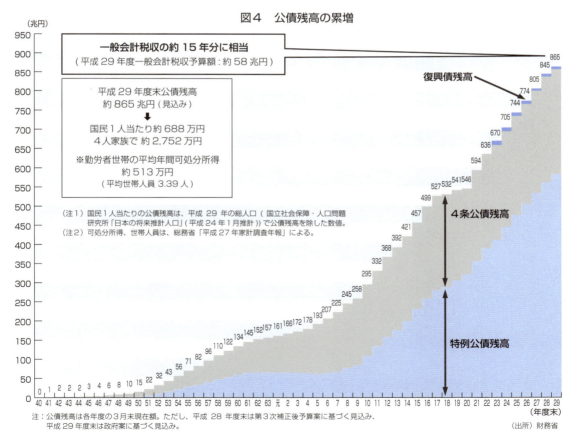

図4　公債残高の累増

注：公債残高は各年度の3月末現在額。ただし、平成28年度末は第3次補正後予算案に基づく見込み、平成29年度末は政府案に基づく見込み。

（出所）財務省

85頁でもふれましたが、日本の国債残高は長年の財政赤字によって大幅に積み上がっており、先進国中でも最悪の水準になっている、ということは耳にしたことがあると思います。

図4で日本国の普通国債残高（東日本大震災の復興が目的の債券を含む、2017年度末）は、865兆円にのぼり、税収15年分に相当しているとされます。一般に国際間で比較する場合、国債残高を含んだ政府債務残高がGDPの何倍（％）にあたるかでチェックしますが、日本は国債危機を起こしたギリシャよりも高い数字です。もちろんこのことだけで、日本の国債の信用や、国債市場が危機に直面しているわけではけっしてないのですが、将来世代にとって潜在的負担であるには違いない国の膨大な借金を巡り、今後どのように対応していくべきか、ぜひ真剣に考えるべきでしょう。

● **マネタリーベースと国債**

くわしくは12章で学びますが、日本銀行はマネーストック（2章）を重視し、金融政策の重要な指標の1つとしています。

ここで日本銀行（日銀）が直接コントロールできるお金として、マネタリーベースがあります。具体的には、現金通貨と日銀当座預金（各銀行が日銀に預ける預金残高）の合計です。

これは日銀が世の中に直接的に供給するお金の量といえます。ちなみに日本では90年代以降、世界に先駆けて「量的緩和政策」が行われました（12章）。これは、日銀がみずから国債など市中が保有する金融資産を積極的に購入し、代金（日銀券・現金）を支払うことで、日銀当座預金を増額させて、市中に流れるお金の流通量を増やそうとした政策です。

日銀が国債を大量に保有しても、国債の残高自体は増減しませんが、国債の（大量の）買い手の存在は、債券価格（金利）に大きな影響を与えます。

第7章 預貯金と債券
「安全資産」は投資の基本

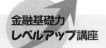

日本家計の資産選択とポートフォリオの特色

（1）日本の家計金融資産選択

　日本の家計金融資産では、2012年以降、現金・預金のシェアが少しずつ低下していますが、2016年末現在でも引き続き約50％前後と、非常に高い水準です。日本の家計は「安全資産」保有を選好していると見られます。価格変動リスクが高い「危険資産」（株式・債券・投資信託）の保有が50％を超える米国と対照的です。もちろん各国家計資産のポートフォリオは、歴史的な背景があり単純に比較できませんが、それぞれの「強み」「弱み」の分析は重要です。

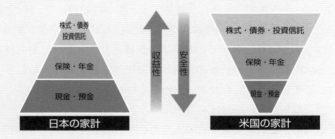

（2）日本家計のポートフォリオの強みと弱み

　それでは、日本の家計金融資産のポートフォリオ構成について、①収益性、②安全性、③流動性、④経済環境の激変、の観点で検討してみましょう。

① 　現金・預金といった「安全資産」中心のため、低い収益性というデメリットは否めません。しかも90年代後半からの超低金利下で、現金・預金の比率が高いことは、日本の家計部門の資産運用効率が、長期にわたって、先進国比較で、低い水準にとどまっていることになります。

② 　安全性が高い運用なので、株式などのように投資元本や収益が損なわれるリスクが小さい点は、メリットといえます。一方、リスク回避傾向が強いままでは、金融商品に必要なイノベーションや商品開発が十分には行われない懸念もあります（デメリット）。

③ 　現金・預金の比重が高く（手元流動性が高い）、流動性リスクは小さいといえます。

④ 　預貯金などの安全性・流動性が高い金融資産中心であり、経済環境の激変・悪化や、金融危機に対するヘッジの点では強みがあるともいえます。また日本では、従来安定した非金融資産として保有された不動産の価格低迷が、90年代末バブル経済の崩壊以降（一部地域を除き）長期化するなか、やむをえない選択とも考えられます。しかし、長期的にみると日本以外の成長地域の資産保有や、国・地域・銘柄・通貨分散が少ないことは、リスク・リターンのバランスの取れたポートフォリオ資産分散の見地からは不十分です。

（3）今後の展望

　低金利の基調が続く中で、「貯蓄から投資へ」の制度設計として2014年に開設されたNISA（少額投資非課税制度）や「ジュニアNISA」（2016年より）、さらに「つみたてNISA」（2018年より）が、投資マインドを持続して高めていくかが注目されます。

キーワードを学ぼう

 ### フィナンシャル・プランナー（FP）

　みなさんは「フィナンシャル・プランナー（ＦＰ）」という専門家が各種メディア（とくに雑誌や新聞）に登場し、活躍しているのをご存知ですか。ＦＰとは個人の資産選択などを計画したりアドバイスを行うフィナンシャル・プラニングのプロなのです。そしてこのフィナンシャル・プラニングには「金融基礎力」が不可欠なのです。といっても難しいことではありません。つまり、若いみなさんがそれぞれ、これからのライフ・デザインにマッチした金融資産選択を行うことなのです。

　具体的には、①人生でみなさんが遭遇すると思われるライフ・イベント（結婚・教育・家購入・老後の備えなど）に向けての、安定的な資産蓄積、②急な病気や入院、緊急な出費、不時の災害（天災や事故だけではなく、最近は勤めている企業の危機やリストラなどもあります）への備えとしての資金準備、③さらには超低金利時代下の積極的資産運用など、みなさんのライフプランに沿った資産選択が必要になってきます。これをサポートしてくれるプロがＦＰです。

　ＦＰは、金融（商品）知識はもちろんのこと、贈与や相続の知識、不動産など財の知識、税の知識、リスク管理など、幅広い知識・知識活用力が問われる資格です。現在ＦＰは民間資格（CFP，AFP）だけでなく、国家資格（ＦＰ技能士）も誕生しており、①自己責任時代の家計の相談役、②高齢化社会の資産選択の指南役、③消費者保護強化、④金融機関の個人取引強化、などを背景に、ニーズが増大していると見られます。

 ### ソブリン債

　日本以外にも「国債」を発行している国・政府は非常にたくさんあります。また国債ではありませんが、政府が債券の元利払いを保証している場合（政府保証債）も多いです。これらの外国債券を「ソブリン債」と呼び、最終的な支払い（リスク）が国や政府に帰属します。外国債の中の「公共債」に相当します。日本の機関投資家の海外債券投資の中核を占めています。

 ### 円建て外債（サムライ債）

　外債（外国債）のなかで、通貨が円建て、発行体は外国（政府・企業など）、そして発行場所が日本（投資家は日本人）の債券のことです。一方、日本国外で発行された円建て債券は「ユーロ円債」として区別しています。

 ### NISA（少額投資非課税制度）

　2014年に新設され、日本在住の20歳以上の人が利用可能な「非課税制度」。NISAの口座で取引を行う場合、投資収益（5年間の配当金・収益分配金、5年以内の売却譲渡益）が毎年120万円、累計600万円まで、非課税扱いとなります。2016年からは20歳未満の子ども一人当たり年間80万円が5年間非課税になるジュニアNISAもスタートしました。また2018年以降、非課税期間を拡大した「つみたてNISA」が開始される予定です。

第8章 家計と金融② 株式と外貨資産

長期投資か？ デイ・トレードか？

いよいよ「投資の時代」の主役、株式の登場です。株式は、不確実性、つまりリスクが高いからこそリターンも大きいわけ。そして株価の動きは私たちの脈拍と同じように、経済や景気の健康状態を示す重要な指標なのよ。

僕の先輩が最近NISAを始めて、毎日、スマホ画面を眺めて一喜一憂してます。ゲーム感覚でやるのは楽しそうだけど損するのはいやだなあ。なんで株価ってあんなに変わるんでしょう？

株価が変動する要因は、大きく3つあるの。1つには企業業績の良し悪し。2つめは市場と投資家の動向。そして3つめはグローバル経済をはじめとした市場外のマクロ的な要因ね。

企業業績がよければ株価も上がるという1つめはわかります。でも、あとの2つはよくわかりません。円高とか景気が影響するってことですか？

もちろん、そうよ。たとえば、今、市場はグローバルだから、米国の株式市場の上下は日本にもダイレクトに影響するの。マクロ的な要素というのは、為替相場のほかにも、日本や世界の景気や金利の動向がポイントになるわ。

やっぱり、少し複雑で理解できません。株式相場で、これさえチェックしていれば、必ず市場の動きがつかめるという「方程式」みたいなものがぜひ欲しいです。

それは無理ね。でも、いくつかの指標を知っておくだけでずいぶん違うわよ。覚えておいて決して損はないわ。

リスク資産とどうつきあうか

　企業の目的は「企業の価値」を高めることです。この「企業の価値」を数値で示したのが株式の値段、つまり株価なのです。

1．株式の3つの魅力
　株式投資の主なメリット（リターン）は以下の3つです。①は企業が収益を挙げないと得られず、②は値下がりしてしまうリスクもあります。③は低金利が続く中、魅力が増しています。
①配当金（インカムゲイン）
②値上がり益（キャピタルゲイン）
③株主優待（株主に企業が提供する各種のサービス）

2．株価の変動要因
　株価は市場の需要・供給で変動します。その需給に大きな影響を与えるのは以下の3つの要因です。グローバル経済では一般投資家のほか、大口投資家であるさまざまなファンドや年金基金などの機関投資家が各国市場の相場を大きく動かしています。
A．マクロ・市場外要因（景気変動・金利・為替・地勢学的要因など）
B．市場・投資家要因（他市場の動向、外国投資家の動向、M＆Aの動き）
C．企業・ミクロ的要因（企業業績・利益の動向予測、企業戦略、新製品・技術の成果）

3．株価指数と取引所
　日本の株価変動を示す代表的な「指数」は日経平均株価指数、東証株価指数（TOPIX）の2つです。株式は取引所での取引と、市場で相対取引される場合（店頭OTC取引）があり、前者は東京証券取引所（2013年大阪取引所と市場統合）が代表的で、上場基準の違いによって一部・二部・新興市場などに分かれています。

4．株価の評価方法
　株式には、預金のような元本や債券の償還価格に当たる金額がありません。そこで購入時の価格が適正かどうかをチェックするために種々の株価評価指標（投資指標）が使われます。以下の3つが代表的です。
指標1　配当利回り：投資金額（株価）に対するリターン（配当）の比率
指標2　株価収益率（PER）：企業収益（将来収益の合計）に対する株価の関係
指標3　株価純資産倍率（PBR）：企業の純資産に対する株価の関係

5．外貨取引のリスクとリターン
　外貨取引の代表は外貨預金とFX取引（外国為替証拠金取引）ですが、じつは両者はまったく異なります。外貨預金は預金ですから、元金と利息（外貨表示額）が保証されますが、FX取引は外貨の売買取引（デリバティブの一種）ですので、元本などの保証はありません。また、両者にはともに為替変動リスクがある点に注意が必要です。

第8章 株式と外貨資産
長期投資か？ デイ・トレードか？

リスク資産の代表：株式

本章では、価格変動の激しいハイリスク・ハイリターン商品である**株式**と、円高・円安といった為替リスク（⇒89頁）が伴う**外貨金融商品**を取り上げます。外貨金融商品とは、商品が円ではなく、外貨（USドルなど）で表示されるもので、各国の株式・債券・預金などです。ここでは外貨預金とFX取引を学びます。

株式は、①**配当金**（インカムゲイン）、②**値上がり益**（キャピタルゲイン）、③**各種株主優待**などのリターンを期待できる魅力的な投資対象ですが、基本的にハイリスクな金融商品であり、安易な投資マインドで臨むことは避けるべきです。株式の価格変動は激しく、平均株価を表す日経平均株価や、東証株価指数（TOPIX）を見ても、大きく変動しています。とくに最近は、コンピュータープログラムによって超高速取引（HFT）が行われるため、より価格変動が大きくなっています。こうした変動を材料に、非常に短期にくり返し株式取引を行う個人投資家（デイ・トレーダー）も存在します。

図1 日経平均株価の推移（1985〜2015年）

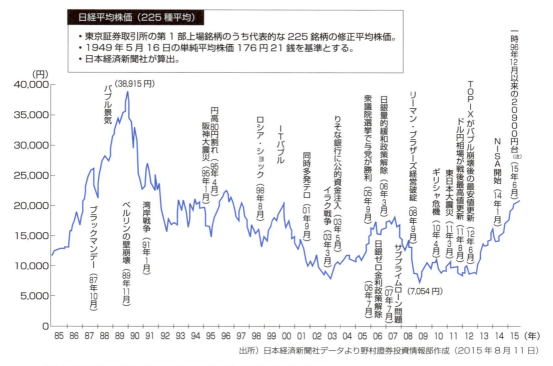

出所）日本経済新聞社データより野村證券投資情報部作成（2015年8月11日）

（注）2017年11月には、1996年7月以来の高値（22,000円台）を更新。

株式の基礎

● 株式と株主

株式（株）とは、会社に出資した株主の権利を示す有価証券です。

株主の権利としては以下の①～③があります。

① 出資額に応じた企業に対する「持分」
② 株主総会に出席して議決を行う権利（議決権）
③ 企業が獲得した利益に対して、その分配を請求する権利

また株式会社は、企業活動の過程で資産・負債を増大させますが、負債（借入れや社債）と違って株式（資本）は返済されません。もちろん株式は市場で売却できます。株式投資とはこうした株主の権利の売買であり、株式価格（株価）は種々の要因で大きく変動します。ここで株価変動を示す代表的な指数（株価指数）として次の2つが日々メディアで報道されます。

日経平均株価　東京証券取引所（東証）一部上場企業の中から、主要225社の平均株価を算出したもの。

東証株価指数（TOPIX）　東証一部上場全銘柄の時価総額（株価×上場株式数）を指数化したもの。1968年初を100として市場全体の動向を反映しています。

● 株式の取引

株式市場　証券取引所市場（法律に基づいて設立された有価証券の取引所）は、東京・大阪・名古屋・福岡・札幌の取引所と、ジャスダック（2004年に取引所に転換）があります。株式を取引所で売買するためには上場*が必要です。そして一部・二部・新興市場（東証ではマザーズ、大証ではヘラクレスなど、取引所により名称が異なります）などが、上場基準の違いなどにより、異なった市場として成立しています。

証券取引所*　有価証券の売買の場としての機能のほか、企業の上場基準を設け審査する、証券取引の監督・監視、などを行っています。

＊上場
証券取引所などの市場で有価証券（株式）が取引できるようにすること。証券取引所の審査基準をクリアーする必要がある。

＊証券取引所
金融商品取引法上では、「金融商品取引所」。東京証券取引所（東証）と大阪証券取引所（大証）が2013年に統合して日本取引所グループとなり、時価総額も売買金額も日本で最大となりました。

株価の決定要因

株価は毎日変動します。

実際に株価変動に大きな影響を与える諸要因を見てみましょう。株価は、株式に対する需要と供給の関係で決まりますが、その需給に大きな影響を与える要因として、A：マクロ的・株式市場外要因、B：市場・投資家要因、C：企業・ミクロ

的要因、に大別できます（**図2**）。これらの要因は複合的に結びついていますが、経済のグローバル化が進み、各国市場の連動性が高まっている現在では、AあるいはBが大幅に悪化すると、投資マインドは悪化し（リスクオフ）、Cとは無関係に株価が変動することが増えてきています。一方、市場が平静を取り戻すとCの要因で買い戻される（リスクオン）ことが多いようです。

図2　株価の決定要因

A　マクロ的・市場外要因
- 景気変動
- 金利
- 為替
- 地勢学的要因（国際情勢）
- 他金融商品の動向

B　市場・投資家要因
- 他株式市場の動向(NY市場など)
- 外国投資家の動向
- 大口投資家の動向
- M&Aの動き
  （株式公開買い付けなど）

C　企業・ミクロ的要因
- 企業業績（現在および将来の利益　予想利益）
- 企業の利益政策
- 企業戦略（提携・M&A・その他事業再編）
- 新製品・新技術
- 自社株買い

株価の評価

さて企業の業績評価では、最近とくにROE（Return On Equity）（⇒103頁）が重視されるようになってきました。ROEは株主資本（Equity）に対する利益（Return）であり、投資に対するリターンの指標としてグローバルに重視されているからです。では株価の評価はどうすればよいでしょうか。

株式の場合、いざ投資を決めたとしても、預金のような元本や債券の償還価格にあたる金額がないため、購入時の金額が果たして、割高、割安、適正のいずれなのかがわかりません。そこでさまざまな株価評価指標(投資指標)を使って、チェックすることが必要です。

代表的な株価評価指標（投資指標）として、１．配当利回り、２．株価収益率、３．株価純資産倍率の３つがあります。いずれも各企業の業績や財務内容、利益政策を評価する指標です。これらの指標およびその推移を見ることは、専門家（証券アナリスト他）などが行う株価評価の基礎にもなっています。

さらに株価は、前節「株価の決定要因」で見たように、A．マクロ的・市場外要因あるいはB．市場・投資家要因によっても大きく動きます。とくにバブル（買われ過ぎ）や、バブルの崩壊・各種危機（売られ過ぎ）前後には、株価の下ブレ・上ブレが激しく、注意が必要です。

> **投資指標**
>
> **指標1　配当利回り**　投資金額（株価）とリターン（配当）の関係
> ⇒インカムゲインの比率が適当かどうか
>
> **指標2　株価収益率（PER*）**　企業の挙げる収益と株価の関係
> ⇒企業価値（将来収益の合計）と株価の関係
>
> **指標3　株価純資産倍率（PBR*）**　企業の純資産に対する株価の関係
> ⇒株主資本（バランスシートの金額と時価）の比較

＊PER
Price Earning Ratio

＊PBR
Price Book-value Ratio

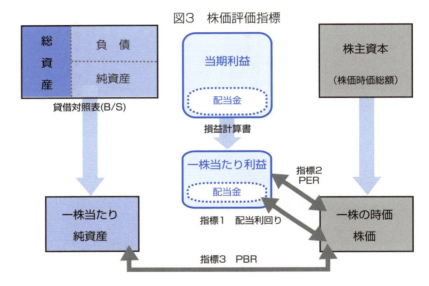

図3　株価評価指標

● **株価＝株式価値の分析**

それでは、3つの株価評価指標（投資指標）を、簡単な事例で説明します。

事例	オリンピック・フィットネス株式会社（上場企業）	
	発行済株数	1000万株
	株　　価	2500円
	当期利益	10億円（損益計算書）
	当期配当金	2.5億円
	純資産	100億円（貸借対照表）

注）当期利益・純資産は、損益計算書・貸借対照表の数字です。
　　こうした数値は、ネットのほか、新聞や会社四季報などで入手できます。

指標1　配当利回り：株式投資による直接のリターン（配当）を評価します。

　　　　　一株当り配当金（2.5億円÷1000万株＝25円）と株価（2500円）を比較します。

配当利回り＝一株に投資した金額（株価）でいくらリターン（配当金）を得たか？
配当利回り（％）＝一株当たりの配当金÷株価×100％

$$=25円÷2500円×100\%＝1.0\%$$

注）仮に業界平均0.8％、あるいはライバルB社1.1％など、配当利回りの高低を比較するとよい。

指標2　株価収益率：株価と企業収益を比較することで株価の水準を把握します。

企業の価値は「将来にわたって企業が生み出す収益の合計」と考えれば、株価とは、企業が生み出すと予想される一株当たりの収益の合計となります。

株価＝将来にわたる一株当たりの利益の合計

そこで一株に投資した金額（株価）を回収するのに、何年分の利益が必要かを算出します。日本の株式における平均値（業界・業種別・上場企業全体など）と比較して、割高・割安を見ます。

株価収益率＝株価が、一株当たりの利益の何倍に当たるかを計算
EPS（一株当たり利益）＝当期利益÷株式数

$$=10億円÷1000万株=100円／一株$$

PER（　株価収益率　）＝株価÷EPS＝2500円÷100円＝25倍

注）仮に業界平均20倍、ライバルB社28倍があれば数価を比較することができる。

指標3　株価純資産倍率：株主の出資金額（自己資本）と株価を比較して、株価の水準を把握します。

自己資本は、企業の総資産から負債を差し引いた「純資産」であり、企業のバランスシート（B/S）上、株主の持分（企業の解散時の価値）を示します。

これと株式市場での自己資本の時価（株式時価総額）とを比較します。

一株当たりの「自己資本額（純資産）」と株価を比較
一株当たりの「自己資本額（純資産）」＝純資産÷株式数

$$=100億円÷1000万株=1000円$$

PBR（株価純資産倍率）＝株価÷一株当たりの純資産

$$=2500円÷1000円=2.5倍$$

注）PBRが1に近い企業は割安なのか、あるいは将来が期待できないのか？

もっとも、株式市場が混乱状態にある際（たとえば深刻な金融危機時）、多くの株式が売られることから、株価が急落し、業績にとくに問題がない企業でもPBRが大きく下がることがあります。

2008年後半では米国サブプライム金融危機の波及で、日本企業の株価も急落し、多くの企業のPBRが大幅に低下しました。

外貨金融商品（外貨預金とFX）

今やグローバル経済の下、金融（通貨・商品）も国内ばかりとは限りません。海外旅行や留学ならずとも、外国為替の知識は不可欠です。外国為替とは、「外国のお金（通貨）」および外国のお金との交換が生じる取引を指しますが、5章の「為替（この場合は内国為替）」に対応する、現金移動が伴わない国際取引であり、グローバルな貿易や投資には不可欠です。そして外国為替の取引には価格変動リスクの一種である為替リスク（4章）が伴います。

日本で低金利が長期化するなか、外貨金融資産に注目が集まっています。

ここでは外貨債券（7章）を除く、①外貨預金と、②FX取引（外国為替証拠金取引）について見てみましょう。最近注目されている外貨金融商品ですが、基本的な違いがあります。外貨預金は外貨による「預金」であるのに対して、FX取引とは投資金額（FX取引のための証拠金といいます）を積んだうえで、外貨を売り買

図4 外貨預金と外国為替証拠金取引（FX）

	外貨預金	外国為替証拠金取引(FX)
商品の性格	●外貨による預金 （普通預金、定期預金） ●元本保証（外貨表示額）	●外貨の売買取引[注1] ●デリバティブの一種（元本保証なし） ●ハイリスク・ハイリターン商品
リターン	●各国通貨による利息 （¥より高金利通貨が一般的）	●為替変動による差益取得 US$買いポジション（¥→$で$保有）の場合は相場の$高・円安で利益を得る ●スワップポイント獲得[注2] 通貨の金利差を得る（$>¥金利分を還元）
特　色	●金融資産である （1万$の外貨預金の場合 1$＝¥100として 100万円の資金必要）	●レバレッジ効果あり[注3] 証拠金（例えば1$につき10円など）で取引可能。1万$の取引は¥10×1万＝10万円証拠金でOK（1$＝¥100とすると10万円で100万円の取引可能）
リスク	●為替変動リスク ●為替手数料負担	●為替変動リスク ●損失局面の際、証拠金放棄により手仕舞わず、新たに取引を持続してさらに損失拡大の恐れあり

注1　取引方法として、顧客がFX業者と相対で行う「店頭FX」と、東京金融取引所に上場している「くりっく365」を利用する方法があります。

注2　高い金利の通貨を、低金利通貨によって買い入れた場合（例えば円でUSドルを買う）、両通貨の金利差（スワップポイント）が得られます。

注3　FXではレバレッジ＝取引金額÷証拠金金額となります。レバレッジが高いと投機的取引を助長することから、上限倍率を制限する流れが続いています。

注4　FXの手数料（スプレッド）に比べると、外貨預金の手数料は高いです。ネット銀行の中には、この手数料を引下げ優遇するところもあります。

いし、為替差益とスワップポイント（通貨の金利差により発生する損益）を狙って行う取引です。外貨預金などの為替手数料に比べ売買手数料は安く、取引時間も顧客が選べます。証拠金の数倍〜数十倍の額の外貨取引を行える（レバレッジといいます）ので、リスク・リターンは大きくなります。FX取引は年々拡大を続けています。

外貨預金：①預金であり、元金・元本（ただし外貨表示で）は銀行により保証される

②普通・定期預金があるが、預金保険制度では保護されない

③価格変動リスク（為替リスク）がある

ＦＸ取引：①外貨の売買取引で、デリバティブの一種（預金ではないので元本保証なし）ハイリスク・ハイリターン商品。FX専業会社も多く登場しています。取引時間は、外国為替市場で取引が行われる時間帯（土日を除いた24時間）です。

②為替の変動差益と、金利差（スワップポイント）が収益

③レバレッジ効果（少ない証拠金で大きな外貨取引ができる）

④投資家が急拡大しており、外国為替相場の変動にも影響を及ぼしている。

　FX取引は、金融商品というよりは、銀行などが為替市場で行っている外国為替取引（ディーリング）の個人投資家版です。個人投資家ですから、銀行などのように大きな金額で取引できないわけですが、少額でもレバレッジを使って、取引金額を拡大できる仕組みです。

　外貨の売買取引ですから、売りからも買いからも始められます。売りから入った場合、相場がその後下がったときに買い戻して決済すれば為替差益が得られます。

金融基礎力レベルアップ講座

デリバティブとは

金融取引の世界では日夜、新しい金融商品が登場しており、その代表が**デリバティブ**です。このキーワードは一般化しつつありますが、もともとは金融商品が持つさまざまなリスク（将来の不確実性）に対する備え（ヘッジ）として考案された歴史があります。

デリバティブの和訳は「金融派生商品」ですが、これは文字通り derive（引き出す・派生する）の訳を充てています。大胆にいえば、「もともとの金融商品を材料・土台として、そこから発生する、現在・将来の金利・為替・キャッシュフロー（お金の流れ）・価格・権利・義務などを、時間軸を盛り込んで、さまざまに組み合わせ・加工・応用して創られた、新たな取引・契約」ともいえます。「派生」ですから必ず元になる金融資産が存在しますが、元の資産とは別の取引・契約となります。

デリバティブの代表格は3つあります。

> A　先物（フューチャー）：（金利・通貨・株式などの価格について）将来の取引価格・条件を事前に決める契約
> B　スワップ：将来、さまざまな金融商品・取引で発生するはずの資金の受払いを、現時点で交換する契約を結ぶこと
> C　オプション：将来、種々の金融取引を実行する「権利」「義務」を取引すること

「フューチャー」「スワップ」「オプション」では、未来についての価格を取り決めたり、異なる性格のものの交換を行ったり、将来時点における選択権を与えるなど、金融商品や金融行動を、より「自由にする」働きがあります。これらのデリバティブの特色として、

① 元になる金融資産「原資産」は存在するが、デリバティブ自体は、原資産を元本として受け渡しする必要がない。したがって、デリバティブ取引（契約）ではバランスシートに「資産」として計上されない（オフバランスといいます）。

② 将来についての「契約」である（将来起こり得るリスクへの備えとして活用される場合が多い）。

③ 市場が存在するが（先物市場など）、相対取引も多い。

④ デリバティブ取引には、さまざまなリスクが存在する（とくにスワップなどで、交換を行う相手方の信用リスク＝契約を実行できないリスクなどがあります）。

⑤ もしリスクが実現してしまうと、複雑にからみあったデリバティブの存在が、市場の混乱を増幅させる可能性があります。2008年のサブプライム金融危機では、実際に④⑤の問題が発生してしまいました。そこで米国の新たな金融取引規制（2010年、ドット・フランク法）ではデリバティブの規制が導入されました（13章）。

第8章 株式と外貨資産
長期投資か？ デイ・トレードか？

キーワードを学ぼう

● 株式会社の起源

　株式会社の起源は17世紀のオランダ東インド会社の資金集めといわれています。航海が成功すれば交易による莫大な富、つまりハイリターンを受け取れますが、そのためには危険な航海や未開地での不確実性、つまりハイリスクを克服する必要がありました。できるだけ多くの出資者から資金を集める方法として生まれたのが「株式」だったわけです。

● 円高と円安（為替リスクの考え方）

　リスクの一種として為替リスクを学習しましたが、これを具体的に説明してみます。
　日本では、円とUSドルとの取引・交換が多いので、円とUSドルとの関係、円高・円安のリスクと考えるのが簡単です。それでは、円高・円安とは何でしょうか。まず円高とは、円とUSドルとの交換で、円の価値がより高まることです（1USドル＝120円の為替相場が、1USドル＝100円になれば、少ない円で1USドルを手に入れることができます）。円安はこの逆で、USドルの価値が高まる（円の価値が低くなる）ことです。
　それでは、円高と円安では、私たちにとってどちらが得なのでしょうか。
　日本では、戦後から高度成長期に、輸出産業が経済のけん引役であったことから、「円高＝経済にマイナス」というイメージがメディアを通じて、かなり浸透していると見られます。単純に考えても、輸出産業は輸出でUSドルを稼ぐのですから、その稼いだUSドルが円高になると価値が下がってしまうので困ります。また日本で10万円（利益込み）の商品を輸出して、米国で売る場合、1USドル＝120円であれば、米国での販売価格はUSドル834ですが、1USドル＝100円となるとUSドル1000と、高くなってしまい、米国内での販売競争上不利になります。これに対して輸入の場合（たとえば原油を輸入する場合、USドル建が多いです）は、USドルを買って支払うのですから、円の価値が高くなる円高では、多くのUSドルが買えることになり、得ということになります。
　私たちがこれを実感できるのが海外旅行です。出発の時に円高だと、多くのUSドルと交換でき、海外で買い物が多くできます。帰国時にUSドルを余らせて持っているときは、USドル高（円安）の方が多くの円に交換できます。円高・円安はそれぞれのケースで、損か得かが違ってくるのです。

● ROE（自己資本利益率）

　自己資本利益率＝当期利益÷自己資本（株主資本）の数値で、株主にとっては、投下資本によって企業がどれだけ収益を挙げられるかの尺度であり、最近非常に重要視されています。
　またＲＯＥは、売上高利益率×総資本回転率×財務レバレッジに分解でき、それぞれの数値を改善することでＲＯＥは向上します。もっとも財務レバレッジでは、自己資本比率が低い方が数値が高くなってしまうという問題点もあります。

$$ROE = \frac{当期利益}{売上高} \times \frac{売上高}{総資本} \times \frac{総資本}{自己資本}$$

第9章 家計と金融③
ファンド型金融商品の「光」と「陰」
投資信託は本当に有利な金融商品なの？

僕、春休みに集中バイトで10万円稼いだんです。でも「預金」にしたってほとんど増えないですよね。そこで最近、ネット証券で100円から積み立てられる投資信託があると聞いて、ちょっと興味をもってます。

投資信託は金融の重要な概念を学べる教材としてはオススメよ。ポートフォリオやファンドを理解するのには最適なの。
株と違って少ない資金で始められるし、種類もいろいろあるわ。しかも、銀行でも購入できるから身近になったしね。

でも結局は「投資」だから自己責任なんでしょう？ 投資信託って何千種類もあるらしいですね。それに説明書を見せてもらったら、家電のトリセツみたいに分厚くてギブアップです。

目論見書のことね。投資信託は、投資のプロであるファンド・マネジャーに運用をまかせるわけ。そして、どんな方針で、どういうポートフォリオを組むかが目論見書にくわしく書いてあるの。まあ、全部読むのはとても無理。通常はパンフレットで要点だけ読めばOKよ。

つまり、投資信託って、レストランで「おすすめコース」を注文するようなものですか？ 「餅は餅屋」って言うからなあ。自分で考えなくても、よさそうな組み合わせを選んでくれて、楽な投資だな。

甘いわね！ そうはいっても、「メニュー選び」の手数料はしっかりとられるのよ。それにまかせっ放しではダメ。預金と違って元本割れもあり得ることには注意が必要よ。

投資信託はシェフのイチ押しメニュー？

　小口資金でも購入でき、運用は金融商品に精通したプロに任せ、しかもポートフォリオ戦略でリスクは分散されるなど、一見するといいことづくめに見える投資信託ですが、もちろん必ず儲かる商品などどこにもありません。運用の中味は株式や債券などですから、ハイリスク・ハイリターンであることに変わりはないことをお忘れなく！

1．投資信託の特色

　投資信託は、①不特定多数の一般投資家から、②小口から大口までの資金を集め（公募）、規模の大きな入れ物（ファンド）を作り、③あらかじめ公表した運用方針に従い、④投資家の代わりに専門家（ファンド・マネジャーなど）が投資／運用して、⑤投資の成果（リスク）はすべて投資家に帰属する「金融商品」です。また投資家のお金は信託のしくみ（5章）によって信託銀行で別管理されており、安全性が高くなっています。

2．投資信託の種類

　5000本以上あるといわれる投資信託ですが、以下に分類して整理しましょう。
●形式面で分類
　ユニット型（クローズ型）⇒最初の募集期間でのみ購入可能。
　オープン型（追加購入型）⇒いつでも購入・売却可能。圧倒的に多い。
●内容面で分類
　公社債投資信託（公社債投信）⇒公社債に限定したポートフォリオで投資。
　株式投資信託（株式投信）⇒各種株式（国内株・先進国、新興国等）に運用。
　バランス型投信⇒株式・債券あるいは国内・海外をミックスして投資する。
　ETF、REITなど「上場型投信」⇒投資信託そのものを上場させる。
●運用スタンスで分類
　アクティブ運用⇒株式投信などでパッシブ運用以上の高い成果を狙い、積極的にリスクを取る。
　パッシブ運用⇒日経平均などのインデックスを目標値として運用する。

3．投資信託の「陰」とは？

　投資信託の購入経験者が指摘する「陰」の部分に留意してください。
　①入る（購入する）のはやさしいが、出る（売却する）のが難しい、②種類が多すぎて自分で選ぶのが難しい、③買いっ放しでは期待した成果は得られない、④コストはいつも必ずかかってくる（コストをカバーする運用実績が必要）。

4．金融商品と投資家・消費者保護

　金融商品への投資は「自己責任」ではあるものの、販売側に不正があったり、情報・説明が十分でない場合もあり、投資家や消費者を守るセーフティネットが必要です。現在、金融商品販売法、消費者契約法、金融商品取引法などが整備されています。

なぜ投資信託を学ぶのか？

これまでみなさんは、安全資産の代表としての預貯金、リスク資産（収益資産）である株式などを学んできました。本章では、**投資信託**が登場します。

なぜ「金融基礎力」を身につけるために投資信託を学ぶのか？　それは投資信託が典型的なポートフォリオ商品であり、金融の基本であるリスク・リターンや、ポートフォリオを学ぶのに適しているからです。投資信託は、①多くの種類があり、②投資家に代わって専門家（ファンド・マネジャーと呼ばれます）が運用してくれ、③小口資金からでも投資可能といったメリットがあり、④低金利時代・投資の時代の花形商品としてセールスされています＊。しかし金融の原則に立ち返れば「リスクなくしてリターンなし」です。投資信託の運用の失敗はすべて投資家に帰属します。また確実に数種類の手数料を徴収されます。十分に商品を理解せずに投資してしまったり、ほったらかしでは、期待したリターンはまず得られません。金融基礎力を磨いて「賢い投資」を目指しましょう。

＊日本では2004年末、約40兆円であった公募投資信託残高が、2016年5月末現在100兆円を超えています。当初、販売は証券会社に限定されていましたが、現在は、銀行、ゆうちょ銀行、信用金庫など多くの金融機関で販売されています。

投資信託のしくみと種類

投資信託とは、不特定多数の一般投資家から、幅広く資金を集めて（公募）、規模の大きな入れ物（ファンド）を作り、あらかじめ公表した方針に従って、投資家の代わりに専門家が運用し、投資の成果（およびリスク）がすべて投資家に帰属する金融商品、といえます（図1）。

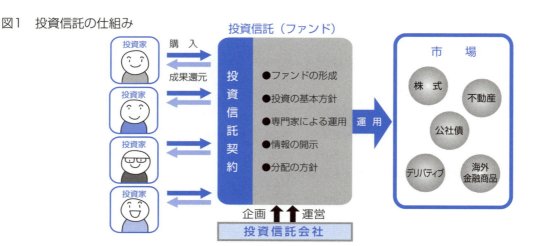

図1　投資信託の仕組み

第9章 ファンド型金融商品の「光」と「陰」
投資信託は本当に有利な金融商品なの？

● **投資信託の商品設計**

投資信託は、3章でも**ファンド**の1つとして登場しました。

金融商品として投資信託の特色をまとめておきましょう。

① **信託契約**（5章「信託業務」）であり、委託者（投資信託会社）・受託者（信託銀行）・受益者（投資家）の3者が登場する仕組み。

② 購入単位が小さいので**少額から投資が可能**＊。

＊一般的な投資信託は一口1円として、1万口を1万円で取引します。一方、株式や債券投資では購入単位や購入金額が大きい場合が多いのです。とくに株式投資では、取引単位（単元株）が100株であっても、株価が高いと投資金額が高額になってしまいます。そのため、小口でも買えるミニ株などの制度もあります。

③ 多くの投資家の資金を集めることで**ファンドが巨額**になり、大きな金額を動かせることで投資に「規模の利益」が発生。

④ 各社の投資戦略・方針に従って、**多種多様な商品が提供**される。投資方針は目論見書によってあらかじめ公開される。

⑤ 資金を、異なった業種、銘柄、地域（通貨）の金融商品に**分散投資**（ポートフォリオ）する（バスケット型商品）。

⑥ 投資運用は投資信託会社（投資信託を企画・創る会社）の専門家（**ファンド・マネジャー**）を中心に行う（運用委員会の協議）。バスケットの中身は、市場・価格動向を見ながら、**投資方針範囲内で適宜入れ替える**。

⑦ 投資の利益は、再投資する場合と投資家に分配する場合（分配型）がある。

⑧ 投資の成果は定期的に必ず投資家に報告する（報告書）。

⑨ 投資家は、販売金融機関、運用者、信託銀行への各種手数料＊を負担する。

＊投資信託の各種手数料は一定料率（○％）で最初から決まっています（⇒110頁側注）。一方、投資ファンド（ヘッジファンド）の手数料は、固定手数料＋成功報酬（実現利益の○％）が通常です。

投資信託は他の金融商品（預貯金・株式・債券）が原則として単一の内容のリスク（信用リスクや価格変動リスク）を抱えるのに対して、ポートフォリオ投資（ファンド、つまりバスケットの中身が多種多様）であることから、分散投資によって、リスクが分散されます（図2）。投資信託の価格にあたる投資金額の増減は、**基準価額**（投資信託一単位の時価）の変動でチェックします（4章「ポートフォリオの考え方」）。

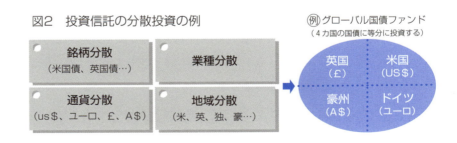

図2　投資信託の分散投資の例

例）グローバル国債ファンド
（4カ国の国債に等分に投資する）

● 投資信託の運営・管理

　投資信託商品を企画・運営するのは投資信託会社ですが（図1）、他にも当事者が登場します。登場人物は投資家を入れて4者です。投資家を受益者とする信託契約（委託者：投資信託会社、受託者：信託銀行）が存在する、銀行・証券会社など、多くの金融機関が販売会社（窓口）となっている、3者（販売会社、投資信託会社、信託銀行）は、それぞれ手数料で利益をあげることに注意してください。信託銀行は、投資信託契約の資産を、他の資産と分けて（分別）管理するので、信託銀行や販売会社・投資信託会社の経営破たんから切り離されます。

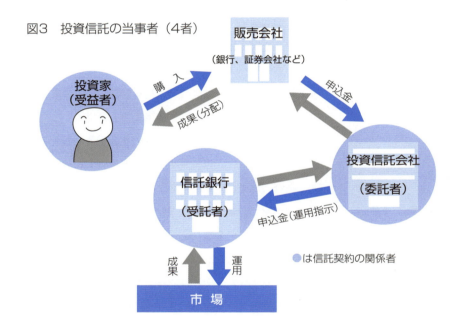

図3　投資信託の当事者（4者）

● 投資信託の形式と種類

　投資信託は①形式、②内容、③運用スタイルで分けることができます。

①形式による分類

　ユニット型（単位型、購入時期は最初の募集時期のみ）と**オープン型**（追加型、いつでも購入・売却できる）に分けられますが、後者が圧倒的に多いです。

②内容による分類

　投資対象・ポートフォリオの違いにより、以下のA〜Dに区分されます。

　A　公社債投信　運用の対象を国債などの公社債券に限定し、株式には投資しないタイプを公社債投信といい、元本保証ではありませんが価格変動リスクは少

なく、安定重視の運用となります。

B　株式投信　これに対して、株式投信は株式を組み入れます。その比率が高いと価格変動リスクは高くなり、値上がり益追及の運用となります。また株式も日本株だけでなく、外国株を中心とした運用もあります。

C　バランス型投信

株式や債券など、さまざまな金融資産にポートフォリオを配分して投資する投信。グローバル・バランス・ファンドであれば、国内・海外それぞれの株式・債券に分散投資を行います。

D　ETFとJ-REIT

投資信託の中には、証券取引所に上場して、いつでも株式のように売買できる上場型投資信託があります。代表的なものとしてETF（上場投資信託）とREIT（J-REIT、上場不動産投資信託）があります（⇒114頁「ETF：上場投資信託」、「REIT（J-REIT）：不動産投資信託」）。

③運用スタイルによる分類

アクティブ運用とパッシブ運用があります。市場の平均的動き（指数＝インデックスで示される）に連動した運用の**パッシブ運用（インデックス投信*）**に対して、より積極的に（インデックスを上回るように）運用するのが**アクティブ運用（アクティブ型投信*）**です。

*インデックス投信
株式投信であれば、日経平均株価とか東証株価指数（TOPIX）といった指標（インデックス）に連動するように銘柄や比率を選んで投資する手法。手数料が比較的低いことやNISAでの運用を背景に、2013年以降増加基調が続いている。

*アクティブ型投信
市場平均（つまりインデックス型）を上回る収益を目標とするタイプで、ファンド・マネジャーの運用方針・能力が結果を左右します。手数料は比較的高く、また市場の変動が激しい中で、期待通りの成果が得られないことも多いため、注意が必要。

投資信託のリスク

投資信託は、さまざまな金融商品・銘柄に投資します。したがってリスクは当然あります。これをいかにポートフォリオで分散し、あるいは小さくしているかが、運用の結果を左右します。以下は代表的リスクです。

信用リスク　組み込まれている債券や株式の発行体に信用悪化が生じた場合、投資信託の基準価額が下がり、投資元本を割り込むリスク。

価格変動リスク　組み込まれている債券・株式の価格が変動して、基準価額が下がるリスク。債券の場合は、金利変動が主、株式では株価の変動。

為替リスク　価格変動リスクのなかでも、とくに通貨価値の変動により生じます。外貨建て商品＝債券や株式が入っていれば生じます。

信用リスク・価格変動リスクは、株式・債券には不可避のものです。投資信託でもどんな分野に投資しているかを十分チェックする必要があります。

また、外国債券投資の場合（主に国債・公共債）、為替リスクには要注意です。

各国通貨に対して円高になると、投資元本の円換算金額が目減りします。

これ以外にも、ファンド特有のリスクに注意してください。たとえば、途中換金制限、繰上げ償還、運用停止、換金手数料などがあります。

また投資家は投資信託に投資した場合、下記に注意する必要があります。

① 投資信託の価格（基準価額）の確認・把握（値上がりか値下がりか）
② 投資信託のファンド全体額の確認（ファンド総額が減っていないか）
③ ファンドの運用方針に重大な変化が生じていないか

いずれも、①は新聞などで、②③は投資信託報告書で確認できます。

投資信託のメリット・デメリット

投資信託のメリットは、①小さい投資金額から始められる、②投資に詳しいプロが運用する、③ポートフォリオの内容のチェックや入れ換えをファンドマネジャーが随時行うため、ポートフォリオの細部に一喜一憂しなくてよい、④投資成果の還元を受けやすい（分配型の場合）、⑤個人ではアプローチできないデリバティブや外国金融商品がポートフォリオに組み込まれ、成果を享受できる、などです。

一方、**デメリット・問題点**は以下の点です。①種々の手数料を取られます。おもな手数料に、申込手数料、信託報酬、解約手数料などがあります*。これら手数料はいわば固定費であり、その分を上乗せした運用成果を上げないと本当は収益をあげたとはいえません。さらには分配金を受け取る投信の場合、その分運用資産は減少し、基準価額、つまり投資信託本体の価格（時価）は下がります。したがって、トータルでの損益を計算する必要があります。②解約のタイミング・時期判断がかなり難しい、③値動きがわかりにくい、また、④多数の投資信託商品の中から選ぶことは容易ではないことに注意してください（投資信託の評価機関の評価を参考にする方法があります）。

＊投資信託の手数料
申込手数料（0〜数％：購入時）、信託報酬（数％：保有期間中）、解約手数料（0〜1％前後：売却時）。（⇒114頁「投資信託の手数料」）

金融商品と投資家・消費者保護

7〜9章で家計と金融（パーソナル・ファイナンス）を学んできました。これらは私たちが金融商品を選択する場合、必要な金融基礎力といえます。さらに最近では金融をめぐる犯罪やトラブルで被害者にならないように、金融取引における危機予防も「金融基礎力」として重要になってきました。金融分野での犯罪やトラブル被害としては詐欺（詐取、振込詐欺も含む）、不実商品（虚偽、偽計による

商品）販売、不公正取引まで幅広く存在しています。

　金融商品とは、お金にかかわり将来の生活や安定を左右する重要なものである以上、金融商品を販売する側に厳しいルールを遵守させることも必要です。

　金融商品の選択の際に、選択の判断の前提である、金融商品に関する情報・説明が十分でなかったりした場合では、「自己責任」だからとして投資家サイドにのみ、結果を押しつけるのは不公平です。金融商品を販売する側に問題がある場合は、投資家・消費者を守るセーフティネットが必要です。以前は不十分であったこのセーフティネットは、2001年4月の金融商品販売法・消費者契約法の施行以

金融のスポットライト　時間の分散投資——ドルコスト平均法

　みなさんは子どものころ、お小遣いを貯めて「積立て預金」を行ったことがありませんか？

　「積立て預金」はお金を少しずつ貯めて、後でまとまったお金になる貯蓄方法なのですが、じつは投資の分野での「積立て」には、さらにさまざまな効用（メリット）があるのです。

　株式や投資信託など（価格変動リスクが大きい）資産を購入する場合、どの時点で購入するかにより、投資金額は大きく左右されます。株式ブームで周りの熱気にあおられ、バスに乗り遅れるなとばかりに投資したら、その後は価格が下がる一方だった、ということもあります。実際、バブルの頂点時に買うなどの悲劇は避けたいものです。そこで、いっぺんにまとめて購入せず、定期的に一定額を投資して、少しずつ購入する、まさに積立て方式の投資法をドルコスト平均法と呼びます。この方法の特色は、

① 同じ銘柄を、毎月購入していきます。

② 毎月、同じ資金額を投資します（したがって株価変動により、購入株数は変動します。つまり株価が高い時は、購入株数は少なくなり、安い時は、購入株数は多くなります）。

　A：ドルコスト平均法（毎月同額投資）を採用した場合と、B：毎月同じ株数を購入した場合とで比べて見ましょう。今X社の株価（終値）が、08年1月から6月までの間に下記の表のように変動したとします。

　A：投資金額を毎月10万円のドルコスト平均法、B：毎月110株を購入する方法では、6カ月後の株式取得数は、ほぼ同じになりますが、一株当たりの購入単価はかなり異なります。

　Aでは、購入単価は923.4円、Bでは、購入単価は958.3円とドルコスト平均法が有利です。

　このようなドルコスト平均法による投資は、企業によっては持株会投資制度（社員が毎月一定額を自社株購入にあてる）に活用されています。

	1月	2月	3月	4月	5月	6月	総株数 投資金額	1株購入単価
x社株価	¥800	¥1000	¥1250	¥1100	¥900	¥700		
ドルコスト平均法（株数） （投資額）	125 100,000	100 100,000	80 100,000	90.9 100,000	111.1 100,000	142.8 100,000	計649.8 計¥600,000	¥923.4
毎月同株数購入 （投資額）	110 88,000	110 110,000	110 137,500	110 121,000	110 99,000	110 77,000	計660 計¥632,500	¥958.3

降、金融商品取引法に至る現在まで充実しつつあります。金融トラブルの種類は多岐にわたりますが、販売側の責任について、消費者・投資家が法的救済を受ける幅は広がってきました。

　金融商品販売法　預金・株式・債券・投資信託・外貨建て金融商品（FXなど）や各種保険など金融商品を対象に以下が適用されます。
① 　重要事項（元本割れなどリスクの存在など）についての説明を義務化し、
② 　①を怠ったための損害発生について損害賠償請求を認め、
③ 　販売者に勧誘方針を明示・公表させる

　消費者契約法　金融商品に限らず、商品全般を対象に、消費者の利益のために、契約を結ぶ過程で不当な契約条項を無効にし、取り消しを認めることや、事業者の免責条項を制限する内容。
① 　契約勧誘の際に以下の不当な行為があった場合、契約を取り消すことができます。
　・不実告知（重要事項について事実と異なることを告げた）
　・断定的判断の提供（将来における変動が不確実な事項について、確実であると告げた。）
② 　消費者の利益を不当に害する以下の契約条項は無効となります。
　・事業者の損害賠償責任の免除
　・消費者の契約解除権の放棄

　さらに、2007年に**金融商品取引法**が制定され、金融商品販売業者の説明責任は強化されました。顧客の投資判断に必要なリスク・手数料などの書面での交付や、内容を顧客が理解したかの確認が義務づけられたのです。また投資家をプロとアマに分けて、説明責任を区分するなどの対応も盛り込んでいます。

第9章 ファンド型金融商品の「光」と「陰」
投資信託は本当に有利な金融商品なの？

金融基礎力レベルアップ講座

金融商品の比較

7章〜9章で学んだ金融商品について、比較してみましょう。

金融商品	預金	株式	公社債投信	株式投信	債券	外貨預金
商品の概要	出し入れ自由な要求払預金（普通・当座） 期間に応じ利息がつく定期預金（定期・積立）	企業への出資（株式）により、値上がり・配当金・株主優待を得られる有価証券	株式を入れない投資信託（国債などの高格付債券を中心として分散投資を行う）	株式中心で運用する投資信託 ●国内株式中心型 ●海外株式型 ●バランス型	投資需要者の発行する借金証書（有価証券）長期の負債として用いられる	外貨による預金のこと 通貨：USドル、ユーロ、ポンド、豪ドルなどが多い 普通預金 定期預金
特色	普通預金に定期預金がセットされた総合口座に利用されるが、貯蓄・決済口座として ●元金保証 ●利息確定 ●預金保険制度あり	キャピタルゲイン（株価値上がり）インカムゲイン（配当金）の両方が期待できるハイリスク・ハイリターン金融商品	●多くの種類の投資信託商品が販売される ●公社債あるいは株式に分散投資される ●銀行・証券会社などで購入可 ●投資方針は「目論見書」で公表される ●さまざまな手数料（売買手数料・信託報酬、解約手数料）を取られる ●投資信託なので資金は分別管理される		額面を満期時に支払う期間中は一定の利息を支払う（利付債） ●個人向け国債（中途換金でも元本保証）	●外貨表示額での元本の保証あり ●為替リスクあり ●為替手数料あり ●銀行で受入 ●預金保険の対象外
3尺度	安全性 大 収益性 小 流動性 大	安全性 小 収益性 大 流動性 中	安全性 高 収益性 中 流動性 中	安全性 小 収益性 高 流動性 中	安全性 高 収益性 中 流動性 中	安全性 高 収益性 中 流動性 高
主なリスクの内容	金融機関リスク（金融機関の倒産リスク）	信用リスク 価格変動リスク（注1） 流動性リスク	信用リスク 価格変動リスク（注2）	信用リスク 価格変動リスク（注2）	信用リスク 価格変動リスク（注3）	為替変動リスク 金融機関リスク
投資家のチェックポイント	預金保険制度のペイオフ上限金額（1000万円）	●株価の妥当性（PER,PBR） ●収益性のチェック 配当利回り ●企業の業績分析	●目論見書（投資方針など） ●手数料 ●運用報告書（騰落率、純資産額、運用年数） ●投資信託の評価機関による評価		●国債・社債・仕組み債などの違い ●格付けの動向に注意 ●外債は為替リスクあり ●新株引受権付き社債あり	●為替リスクにより差損発生の可能性あり ●手数料は銀行ごとの差が大きい

（注1）マクロ経済・金融の動向や市場との連動で大きく変動する。
（注2）ポートフォリオの中身の問題で解約手続きできない場合あり。
（注3）証券化債券の一部で、買い手不在・換金不能が発生（例：サブプライム危機）。

キーワードを学ぼう

🔷 目論見書（投資信託説明書）

　投資信託を購入する際に交付される書類で、重要事項が記載されています。投資信託はリスク資産であり、その内容のディスクロージャーは不可欠といえます。投資の方針を示しているため、目論見書と呼ばれています。内容は、投資の目標、リスクの所在、運用の説明・実績、手数料などです。

🔷 ETF：上場投資信託

　代表的なETF（Exchange Traded Fund）は、日経平均やTOPIXに連動するようにポートフォリオが組まれた投資信託です。取引所に上場されるため、投資信託でありながら上場株式と同じように売買できます。ETFの場合、①株価指標への連動を目標としている、②少額資金でも上場株など株価全体のポートフォリオに投資できる、③株式同様、価格を注視して取引できる、といった特色があります。
　たとえば日経平均に連動する型のETFに投資することは、日本株全体（代表銘柄225社）に投資することになり、2013年以降の日銀の「異次元緩和」政策での購入対象資産にもなりました。

🔷 REIT（J-REIT）：不動産投資信託

　REIT（Real Estate Investment Trust）とは、投資家から集めた資金で、さまざまな不動産（オフィスビル、ショッピングセンター、マンションなど）を購入し、その賃貸収入や売買で得た利益を投資家に分配する金融商品です。物件の選択・購入・売却などはすべて専門家が行います。J-REITとは、日本国内の証券取引所に上場されているREITで、いつでも購入・売却できます。金融緩和が続き、債券利回りも低下している日本では、とくに2016年マイナス金利政策が採られて以降、比較的高い利回りが期待できるJ-REITに投資が急増しました。

🔷 基準価額（基準価格）

　投資信託の一口当たりの価格・値段のことです。新聞やネットでも確認でき、いわば株式における株価に近い数値です。投資信託の資産総額（ポートフォリオとして保有している株式や債券など）について、時価（その時点の価格）で評価した金額を、口数で割って算出します。

🔷 投資信託の手数料

　一般的には申し込み（販売手数料）、解約手数料、信託報酬がかかります。申し込み・解約手数料は1回に限り無料とする（ノーロード）場合もありますが、信託報酬は保有期間中必ず徴収され、これが金融機関の収入になります。一般に、市場の平均を上回る成果を狙うアクティブ運用では手数料が高くなる傾向があります。一方、販売競争が激しいなか、手数料の優遇策もさまざまに行われています。
　とくにNISA導入以降、手数料に敏感な若年層に対応して信託報酬の引き下げ競争が始まっており、さらに2018年導入予定の「つみたてNISA」を控えて競争が激化しています。

第10章 企業と金融①
資本調達と資本コスト
起業も企業もお金が肝心

米国では優秀な学生ほど起業するって留学生の友達から聞きましたが、かっこよくて憧れですね。僕もじつは創業者が苦労して企業を立ち上げる話って大好きです。とても共感するし、やってみたくなります。

そうなの？ なかなか起業マインドがあるじゃない。日本は起業後進国っていわれるけれど期待できそうね。じゃあ、起業を成功させるための条件を3つ挙げてみてくれる？

まずはなんといっても、カリスマ的な経営者ですね。学生時代に起業するとか、ITやネットなど新しい分野で目一杯チャレンジして成功しているのはすごいです。

たしかに、サクセスストーリーに出てくる経営者はみんなすばらしく個性的よ。もっとも、同時に多くの支援者や理解者に助けられているのを見落とさないようにね。じゃあ、2つめは？

やっぱり事業の魅力かな。新しいビジネスモデルをいかに創るかですね。3つめは……あ、ひょっとして「お金」のやりくりじゃないですか？

そのとおり。起業するにも企業活動を続けるにも、先立つもの、つまり資金調達がすごく大事なの。今まで金融商品としての株式を勉強してきたけど、今度は企業側のお金のやりくりを学んで欲しいわ。

考えてみれば投資家や株主になるというのは企業に活動資金を出す、つまりスポンサーになるってことなんですね。僕のスポンサーになってくれる投資家はいないかなあ。

コーポレートファイナンスを学ぼう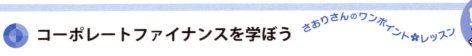

　企業を経営する場合に、必ず直面する課題が企業金融、つまりコーポレートファイナンスです。今回は企業とお金の関係にチャレンジしましょう。

1．企業の目的は
　株式会社をはじめとした企業の目的は「利益を上げる（儲ける）」こと、経営学的にいえば「企業価値を高める」ことです。そのために行う活動にはお金が不可欠です。いかにお金（資本）を効率的に調達・活用し、企業価値を最大化するかは、企業にとって最も重要な戦略の1つです。

2．「企業価値」とは
　最近盛んな M&A（企業買収）では買収する相手企業の価値（値段）の把握が不可欠です。企業の総資産は貸借対照表（バランスシート、B/S）の左側（貸方）に示されます。同時に、資産を獲得するため支払ったお金（資本）の総額は B/S の右側（借方）に「株主資本＋他人資本」として表示されます。
　　企業価値＝株主資本（時価）＋他人資本（時価）

3．重要な「資本コスト」
　企業は、資本を効率的に使って企業価値を高めますが、この資本（株主資本、他人資本）にはコスト（資本コスト）がかかります。
　　資本コスト＝①他人資本コスト＋②株主資本コスト
①他人資本コスト：債券や借入の利息（節税効果を考慮したもの）
②株主資本コスト：無リスク資産のリターン＋リスクプレミアム
　つまり返済の必要がない②株主資本にもつねにコストがかかるわけです。

4．内部金融と外部金融
　企業は企業活動の利益（内部留保）や減価償却費などで資金を生み出すことができます。これが「内部資金（内部金融）」で、株主資本や他人資本などの「外部資金（外部金融）」と区別します。主な外部金融は「株式」「債券（社債）」「借入れ」です。

5．株式による調達（増資）
　株式による資金調達で利用される「増資」は、①株主割当、②第三者割当、③公募発行があります。②第三者割当は、既存の株主と異なる第三者に新株引受権を割り当てますが、既存株主の持ち株比率を低下させることから問題視されることもあります。

6．社債による調達
　社債は国債と同じく債券ですが、種類が多く、投資家の判断材料として「格付け」が重視されています。通常の「普通社債」のほか、「新株予約権付社債」があります。

第10章 資本調達と資本コスト
起業も企業もお金が肝心

企業価値とファイナンス

企業とビジネスにとって、金融行動は不可欠です。株式会社では株式の発行によって資本金を用意します。企業の運営・存続・発展・拡大にもお金が欠かせません。企業は多くのステーク・ホルダー*（利害関係者）とさまざまな金融行動（たとえば仕入先/原材料入手先への代金支払いや、給与の支払いなど）を行いますが、そのための資金をどのように調達するかは重要な問題です（企業の資金調達＝コーポレート・ファイナンス）。

*ステーク ホルダー
企業との利害関係があるのは、取引先（仕入、販売先）、従業員、地域（工場や店舗が所在）、取引金融機関、政府（納税先）などです。

● 企業価値と資本の関係

ここで、企業の目的は何かといえば、「企業価値を最大化」することです。そのために企業は利潤（利益・収益）の拡大を図り、営業活動や投資を行うわけですが、それでは、この「企業価値」はどのように把握すればよいでしょうか。

理論的には、企業の資産をすべて時価で評価すればよいのですが、実務的には難しいため、バランスシート（B/S）の右側（資本）を評価します。

① まず「企業の純資産」（8章〔PBR〕で登場した、バランスシート上の自己資本＝株主資本）に注目します。これは企業を清算する（すべての負債を完済する）時点での価値と考えられます。しかし企業価値はつねに変動するため、自己資本＝株主資本を、過去の簿価ではなく時価で把握（株式の時価総額）します。

② これに対して負債（社債や借入れなど）は他人資本で、返済せねばなりませんが、同時に資本として企業価値を構成しています。そこで「企業価値」とは、企業の株主資本（時価）＋他人資本〔負債〕（時価）の合計値になります。

企業価値 ＝企業の株主資本（時価）＋他人資本〔負債〕（時価）

図1　企業のバランスシート(注)

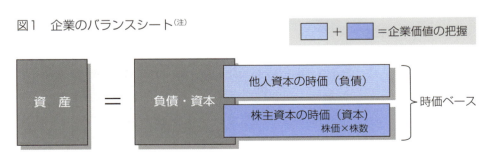

（注）企業のバランスシートを時価ベースで評価することになります

企業は、資本をできるだけ効率的に使って企業価値を高める（大きくする）ことが求められます。しかしこの資本（株主資本、他人資本）にはコストがかかっています（株主資本コストと他人資本〔負債〕コスト）。そこで企業が企業価値を高めるためには、企業活動の結果＝利益（税引き後）が、資本コストを上回ることが必要なのです。

● **重要な資本政策**

＊EVA は米国のコンサルタント会社スターン・スチュワート社の登録商標です。（⇒124頁「EVA」）

このことを企業が重視した結果、**経済的付加価値（EVA＊）**という指標が使われるようになりました。

経済的付加価値（EVA）＝営業利益（税引き後）－資本コスト

企業価値を高めるとは、EVA を大きくすることであり、営業利益を大きくすること、資本コストを抑制することが企業の目標になっています。つまり単に資金を調達するだけではなくて、企業価値を最大化するための、資本政策（どのように株主資本と他人資本を組み合わせるか）が重要です。企業価値を増大させる活動・投資を選別し、これに対応した適切な資金調達を行う、これが**コーポレート・ファイナンス**の分野といえましょう。

大企業を中心に、こうした資本に関する企業戦略の立案・決定を行う組織（財務部）のトップを CFO（最高財務責任者）と呼ぶことがありますが、その重要性はますます高まっています。

内部金融と外部金融

実際の企業による資金調達をみてみましょう。企業は事業活動の過程で、自ら資金を留保することができます。**１つは利益を社内に留保したもの**です（当期利益＝税金や配当金・役員賞与を支払ったあと）。もう１つは**資金が流出しない費用（減価償却費）の計上**です。これらは、企業が返済する必要がない資金であり、**内部金融（内部資金）**と呼ばれます。これに対して、**企業の外部から資金を調達する方法が外部金融（外部資金）**と呼ばれます。企業が工場新設などの設備投資を行う場合や、別の企業・事業部門を買収したりする場合では、必要な資金は巨額であり、内部金融（資金）では十分に対応できない場合があります。あるいは、将来収益の源泉となる資産への投資に対応した、資本の充実・調達が必要と判断する場合もあるでしょう。主な外部金融は、**株式、債券、借入れ**の３種類に分かれます。

第10章 資本調達と資本コスト
起業も企業もお金が肝心

株式は自己資本、債券・借入れは他人資本（負債）で、性格は違いますが、いずれも資金（資本）を調達する（集める）にはコストがかかります（**図2**）。

図2　内部金融と外部金融

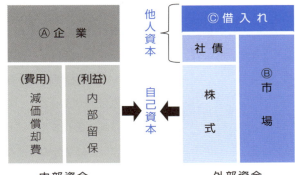

内部金融と外部金融

内部金融＝企業が自らの企業活動の過程で作り出す資金
　　　　　図2Ⓐで損益計算書上に表示されます。
内部留保（税引き後配当後の利益）＋減価償却費
外部金融＝企業の外部からの資金調達
　　　　　図2Ⓑ＋Ⓒで貸借対照表上に表示されます。
自己資本（株主資本）を調達→株式発行（増資）
他人資本（負債）を調達→債券（社債）・借入れ

市場からの資金調達（株式・債券）

さて次は、企業の資金調達を、調達する金融スタイルの違いでみてみましょう。

外部金融のなかで、市場を使った資金調達（**図2Ⓑ市場**からの外部資金調達）といえば、直接金融＊方式による、①株式および②債券による方法が代表的です。①（株式）は自己資本の増加であり、エクイティ・ファイナンスと呼ばれます。②（債券）は企業の場合、社債を発行します（デッド・ファイナンスと呼ばれます）。金融商品としての株式・社債については、7・8章で学びました。ここでは企業の資金調達の視点からアプローチしましょう。

＊3章「直接金融と間接金融」参照。

● **株式による調達**

株式市場からの資金調達は、企業の設立時の株式公開（IPO）と、すでに存在する企業が資本金を増やす増資とがあります。

　企業が資金調達のために、市場で不特定多数の投資家に

株式を売り出すことです。通常、証券取引所に上場（8章）することで、株式は市場で取引され（株式公開）、企業は一般の投資家から資金調達ができます。もちろん、上場には多くの基準を満たす必要がありますが、ベンチャー企業などは上場基準を緩和した新興市場も利用できます。

　増資　増資とは資本金を増やすことです。ここでは、設立後の企業が、事業拡大や買収の際などに新たな資金調達を行う際の増資を取り上げます。

　なお、株式分割を増資に含めて考える場合、株式の新規発行はありますが、資金の払い込みはありません。つまり、企業の新たな資金調達にはなりません。株式分割では単純にこれまでの1株を2株にした場合、株数は2倍になりますが、1株あたりの価値は2分の1となりますので、資本は増えません。

　増資では通常新株を発行しますが、その方法として下記の①〜③があります。

① 　株主割当　これまでの株主を対象に、持ち株比率に応じて募集し、割り当てる方式。株数は増えても、株主の持ち株比率は変わらないのでこれまでの株主にとって不利益は生じない。

② 　第三者割当　企業が、これまでの株主とは異なる第三者（親密な取引先、親会社ほか）に新株引受権を割り当てる。

③ 　公募発行　広く、市場から新たに株主を募集する。

　②③については、新たに発行する株式の価格が問題となります。時価より安い価格で株式を発行する場合は、これまでの株主に不利益が生じる可能性があるので、株主総会の特別決議が必要になります。また②は、大規模な増資が既存株主の持ち株比率を低下させるため、買収への防衛（現経営陣の友好的な第三者に割り当てる）目的で使用された場合、問題視されたことがあります。

● 債券による調達

　社債は、市場で不特定多数の投資家を対象に、販売される有価証券です。96年には、従来の適債基準（社債発行の要件）が撤廃されました。投資家が債券を判断する材料として格付け（7章）が重視されます。社債発行企業も投資適格以上で高い格付けを取得して信用力が高いと判断されると、調達コスト（発行価格・利息）を下げることができます。債券の種類として、A：普通社債、B：新株予約権付社債があります（図3）。

A：普通社債　7章で学んだ通常の債券です。

　社債の発行基準が撤廃されたことで、発行銘柄は増えています。これまで発行単位（額面）は大きかったのを、最近は個人向け社債として購入価格を小さくして

販売する社債も登場しています。

B：新株予約権付社債　債券に、株式の要素を付加することで、市場での人気を増そうとするさまざまな社債があります。

①転換社債型新株予約権付社債とは、社債として発行されますが、一定期間に、当初設定された転換価格により、社債を株式に変換できます。将来、社債発行企業の株式価格が上昇した場合、転換価格を使って社債を株式に転換し利益を得られます。（株価が上昇しなければ社債として保有できます。）

一方、②分離型新株予約権付社債（ワラント債）は、通常の債券に、新株予約権（ワラント、一定の期間内にあらかじめ決められた価格で新株を購入できる）が付いており、この予約権を分離し売買することができます。

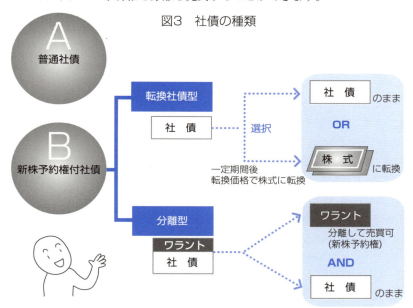

図3　社債の種類

企業の資本コスト

　企業が外部金融でお金を集めた場合、さまざまなコストがかかります。EVAで学んだように、企業価値を増やすには、資本コストを上回る利益（税引き後）が必要です。ここで資本コストとは、外部資金のコスト（他人資本コスト＋株主資本コスト）を意味します。

　単純に考えると資本コストは、資本にかかった直接費用として、他人資本に対する支払い利息（金利）と、株主資本の配当金の合計と考えられます。しかし株式投資家が要求するリターンは、配当金だけと考えてよいでしょうか？

投資家は、株式投資を行う際に、配当金（インカムゲイン）だけでなく、企業の発展や収益の増大に伴う株価の値上がり（キャピタルゲイン）も期待しているはずです。ここでリスク・リターンの関係で考えてみると、投資家は安全資産（預金や国債などリスクがミニマムな資産）のリターンに加えて、**株式のリスクに見合ったリスク・プレミアム**を要求すると考えることができます。これが株主資本の資本コストとなります（⇒123頁「資本コストの考え方」）。

金融のスポットライト　情報の非対称性──金融界の「格差」

「格差」はいまや日本だけでなく、世界中で大きな問題となり、さまざまに議論されているテーマです。経済学の分野でも2015年にはフランスの経済学者トマ・ピケティが『21世紀の資本』で資本の利益率と経済の成長率との間に見られるギャップを中・長期的に分析し、同書は世界的なベストセラーになりました。「格差」をどう定義するかによりますが、一般に合理的な理由が見当たらないのに長期的・継続的に格差が存在・拡大する場合は、やはり問題視されるでしょう。

では、金融界の「格差」はどう考えるべきなのでしょうか？　刻々と変化するビジネス社会で情報の差、つまり情報格差が生じるのは必然的で、そこにビジネス・チャンスが生じてくることにもなります。

まして金融の世界は、情報格差が大きいと考えられます。情報格差を経済学では「情報の非対称性」と呼びます。商品やサービスの選択に関して情報の非対称性が存在する場合、情報の乏しい消費者が損をする可能性が高いのです。

そのたとえ話として、経済学には「レモン問題」という有名なエピソードがあります。レモンの中身が腐っているかどうかは外見からはわからないのと同様に、中古車を買う消費者は、車に欠陥があるかどうかを見分けられません。それを知っているのはディーラーのみであり、良心的なディーラーであれば情報を公開しますが、悪質なディーラーは都合の悪い情報を隠したまま車を売りつけようとするかもしれません。このように、情報の非対称性がつねに一方にのみ存在する場合、情報の乏しい側が不利益をこうむるという問題が生じます。

では、金融取引ではどうでしょうか。

金融取引で、当事者間における情報（量・質）に非対称性（格差）がつねに存在するというケースは、下記の①～③があります。

① 貸し手と借り手の関係
② 証券の発行者と投資家の関係
③ 利害関係者と一般投資家の関係

①では、間接金融の場合、預金者（最終的には貸し手）と企業（最終的に借り手）の間に金融仲介機関（銀行など）が存在して、その専門能力（企業調査・審査）によって、情報の非対称性を小さくする働きがあります。

また②では、投資家が投資判断を行う際、格付け機関などのプロの見解を参考にします。

したがって銀行などの審査能力低下（→不良債権の増大）、格付け機関の信用リスクへの感度鈍化（→急激な格下げの頻発）は、預金者や投資家に大きなダメージを与えることに繋がります。

さらに③の場合、もし一部の利害関係者が、その地位（情報面での優越的立場）を利用してたとえば株式売買などを行った場合、これをインサイダー取引として厳しく処罰しています。

第10章 資本調達と資本コスト
起業も企業もお金が肝心

金融基礎力 レベルアップ講座

資本コストの考え方

資本コストの考え方が重要であることは、みなさんも認識されたと思います。ここでは企業の資本コストをどう算出するかを考えてみましょう。

企業価値＝資本の時価＝企業の株主資本（時価）＋他人資本（時価）ですが、この資本にコストがかかるわけです。そこで資本コストを、他人資本（負債）、自己資本（株主資本）に分けて把握します。

例として、企業価値100億円のA社が負債40％、株主資本60％であったとします。この場合、企業価値は時価評価であることに注意してください。

利子率を2％、税率を40％、10年物国債利回りを3％、リスク・プレミアムを4％とします（ここでは考え方を示すため、会計上必要な計算は省略していますので注意）。

A 他人資本（負債）のコスト

他人資本（負債）についてのコストは、「他人資本額」（40億円）と「利子率」で算出されます（支払い利息）。この支払い利息は、企業会計上では、費用として利益から差し引かれるため（利益を減らす）、かえってその後の税負担を軽くする節税効果があり、支払い利息×税率分は、コストから控除するのが正確なコスト計算となります。

　　負債コスト額＝負債の時価×｛利子率×（1－税率）｝

　　　　40億円×｛2％×（1－40％）｝＝4,800万円………①

B 株主資本のコスト

株主資本の時価は、株価×発行済み株数（60億円）で算出します。

株式への投資は、危険資産への投資であるため、安全資産のリターン（リスク・ミニマム資産、通常は10年物国債利回りを使います）に、リスク・プレミアムを加えたリターンをコストとします。

　　株主資本コスト額＝株式時価総額×（リスク・ミニマム資産利子率＋リスク・プレミアム）

　　　　60億円×（3％＋4％）＝42,000万円………②

資本コスト（率、％）は、AとBとの加重平均値（WACC＝weighed Average Cost of Capital）で計算します。この場合、上記①②より、(4,800万円＋42,000万円)÷100億円＝4.68％　となります。

加重平均資本コスト（WACC）は次の算式で求められます。

WACC＝(負債コスト額＋株主資本コスト額)÷(負債時価＋株式時価総額)

　＝｛利子率×（1－税率）×負債時価÷(負債時価＋株式時価総額)｝

　　＋｛(リスク・ミニマム資産利子率＋リスク・プレミアム)×株式時価総額÷

　　(負債時価＋株式時価総額)｝

キーワードを学ぼう

● EVA（経済的付加価値、額）

Economic Value Added の略。米国スターン・スチュアート社が考案した経営指標。「利益額（税引後営業利益）－全資本（調達）コスト額」(A) で示されます。企業価値を増やすためには「A＞0」、つまり「利益額＞全資本（調達）コスト」であることが必要であり、EVA 額分、企業価値が増大します。

全資本（調達）コスト＝資本総額×加重平均資本コスト（WACC）

● WACC（加重平均資本コスト、率）

Weighted Average of Cost of Capital の略。資本コスト率を計算する時に使用されます。
a「負債（の調達）コスト」と、b「株主資本（の調達）コスト」を加重平均して算出する全資本の平均調達コスト（企業全体の資本コスト率）を意味します（⇒「金融基礎力レベルアップ講座」）。b「株主資本の調達コスト」は、「株式＝リスクが高い資産」への投資であり、リスクに見合ったハイリターン（リスクプレミアムが加算される）が必要です（通常は a＜b）。
b は「安全資産（リスクミニマム資産、国債など）のリターン＋リスクプレミアム」で算出します。

● リスクプレミアム

株式などリスクのある投資には、銀行預金など無リスク資産と比べて大きなリターンが期待されます。その収益差となる期待値がリスクプレミアムです。WACC の株主資本の資本コスト（上記 b）を計算するには、CAPM（資本資産評価モデル）を用います。

● 減価償却費

企業が設備投資を行った固定資産（工場や機械）は使用するうちに老朽化し価値が減っていきます。この「減価」を「費用」として、毎年一定額ずつ（あるいは一定の比率により）計上するのが「減価償却費」です。この費用は会計上、「社外支払（流出）がない内部資金」となります。

● 第三者割当増資

特定の第三者に対して新株を発行して資金を調達します。「公募増資」と違って、特定の第三者（これまでの株主以外で、親密取引先やベンチャーキャピタル他）に対して、新株引受権を割り当てます。その結果、既存株主にとっては、持ち株比率が低下し、新株の価格の条件次第で不利益が生じる可能性があります。

● 新株予約権

前もってきめられた価格で、株式を購入できる権利のことです。代表的なものが「ストックオプション」です。

第11章 企業と金融②
銀行の活用法
金融のデパート「銀行」とのおつきあい

先日、大学主催の「企業フォーラム」に参加してきました。中小企業が多かったんですけど、初めて知った業種とか業界がたくさんあって、圧倒されました。しかもどの会社もすごく活気があって、とくに社長さんが熱心でした。僕も就職に対する意識がちょっと変わった感じです。

はやとくん、グッド・ジョブ！　たしかに就活って企業との「出会い」よね。テレビでCMを見るような大手有名企業は全体のほんのわずかにすぎないわ。だから企業の研究をしっかりやると企業の見方もわかってくるわけ。ブラック企業を選んだら最悪でしょ。

日本の産業、とくにモノづくりは中小企業の頑張りに支えられていると実感できました。でも、中小企業の社長さんは、採用からお金のやり繰りまで苦労が多くてたいへんですね。

人材も資金調達も企業にとっては生命線だもの。大企業ならば株式や債券で資金調達できるけれど、中小企業はそうもいかないから、どうしても銀行から借りることが多いわよね。

でも銀行って「晴れた日に競って傘を貸し出す」って評判だし、最近はフィンテックの登場で焦っているって聞きました。

中小企業や地域経済あっての銀行よね。不良債権がこわいのはわかるけど、金融のプロなんだから地方創生とかベンチャー企業育成などに消極的だと存在意義を問われるわ。

企業と銀行

銀行は「金融仲介」「信用創造」「資金決済」の3大機能を持つ金融の中核的存在です。日本では、第二次大戦後から1960〜70年代の高度成長期を通じて、企業と銀行は二人三脚と言ってもよい緊密な関係を築き上げ、共に発展してきました。

銀行の機能については5章で学びましたが、この章では企業と銀行の関係についてあらためて見ていきましょう。

1. 銀行の変遷

日本の銀行は従来、①メインバンク制度に代表される企業との密接な関係（カネ、情報、ヒト）の構築や、②熾烈な融資のシェア競争、③さらに企業のガバナンス（再建・再生を含む）へのコミットなどによって経済界における存在感を高めてきました。しかし、大企業を中心に直接金融への依存度が高くなってきたことに加え、90年代に生じた金融システム危機により、深刻な不良債権問題や自己資本比率不足、経営危機などを抱えてしまった銀行は、自身の生き残りをかけた変革（再編・統合）を余儀なくされたのです。21世紀に入って現在では、金融のデパート的なメガバンクを中心とする新たなスタイルが軌道に乗ったといえますが、銀行を取り巻く経済環境は依然として厳しさが続いています。

2. 企業の資金需要と銀行

大企業に比べ、中小企業にとっては銀行取引（借入れなど）が今も重要な資金調達手段となっています。日本の企業の大部分は中小企業ですが、最近ではベンチャー企業への投融資あるいは企業の再建・再編といったリスクマネーの供給では、銀行の役割はあまり大きくないのが現状です。また、メガバンクがグローバルな貸出（国際金融）や、関連子会社によるフルライン金融戦略が可能なのに比べ、マーケットやサービスが限定されている地銀（地方銀行）の場合、低金利が続く中で、競争環境は一段と厳しさを増しており、地域を超えた再編も試みられています。

3. 貸出の種類と方法

企業が銀行から資金を調達するには、①銀行の資金を借りる、②企業が保有する商業手形（約束手形）の割引を依頼する、の2つの方法がありますが、①の利用が圧倒的多数です。①は貸出の形態によって、A：手形貸付、B：証書貸付、C：当座貸越、D：クレジットライン（コミットメントライン）などに分かれます。

4. 貸出金利と超低金利時代の現状

貸出金利は、基本的に銀行のコスト（預金利息やコールレート）に利ざや（スプレッド）を乗せた金利です。そして超低金利時代とはいえ、金利は貸出先の信用状態（リスク）や期間に応じて異なります。もちろん預金・貸出金利は自由化されており、企業が銀行から借り入れる金利は法律の上限規制の範囲内で両者の交渉で決まります。基準金利としてプライムレート（最優遇金利、短期・長期）や、TIBOR（東京の銀行間取引レート）があります。

第11章 銀行の活用法
金融のデパート「銀行」とのおつきあい

企業と銀行

企業の資金調達は、市場に直接アクセスする（10章）以外に、銀行など金融仲介機関を利用する方法（借入れなど）があります。大企業では、株式や債券による直接金融の活用が増大しており、資金調達に占める銀行の割合は低下しています。さらにバブル崩壊以降、経済のデフレ化が続いたことで、財務比率の改善のため、負債を圧縮する大企業は多く、実質無借金企業（企業負債額から現預金などを差し引いたネットでの負債がゼロかマイナス）も多くなっています。かといって、銀行取引が不要なのではありません。銀行は、M&Aに必要な大口資金の提供や、金融市場が混乱した際のセーフティネット＊として、不可欠な存在といえます。さらに、銀行は金融仲介機能だけでなく、決済機能、情報提供機能があり、大企業にとって重要なパートナーであることは変わりないのです。

＊セーフティネット
2008年リーマンショックで金融市場が大混乱した際、多くの企業が資金調達を確保するため銀行との間にコミットメントライン（⇒130頁）を設定しました。

一方、日本の企業の多数を占める中堅・中小企業にとって、銀行取引（借入れなど）は引き続き、資金調達面で重要な役割を果たしています。ここでは、企業の大多数を占める中小企業と銀行の関係を軸にみていきましょう。

銀行借入れは、金融市場（3章）で学んだ「相対型市場（広義の金融市場）」での取引であり、相対型＝対面型金融取引としての特色があります（図1）。

図1 借入れのメリット・デメリット

メリット	デメリット
●有価証券（株式・債券）発行よりも簡便に資金調達ができる	●負債の増加、自己資本比率の低下は財務体質の悪化につながる
●金融取引相手の金融機関(銀行など)が限定され(相対型)情報開示や交渉、結論までコスト・時間がセーブできる	●金融機関（とくに銀行）の貸出政策や経営体力低下による影響を直接大きく受ける（「貸し渋り問題」や資金繰り倒産）
●緊急時に機動的に融資を受けられる	
●相対型なので企業側の事情などについて取引相手と交渉を行い、貸出条件に反映させることができる	●借入れに際して担保・保証を要求されることが多い

●90年代の銀行不良債権問題

日本経済は90年代以降「失われた20年」と呼ばれる経済停滞の時代を経験したのですが、そのきっかけとなったのが、バブル経済崩壊とそれに伴う銀行の「不良債権問題」です。地価・株価など資産価格が急落し、その後平成不況が深刻化するな

＊不良債権
「不良債権」の定義は現在、「銀行法」「金融再生法」および金融機関の自己査定（金融庁の金融検査マニュアルに基づく）により定められています。

＊金融システム危機
1997年、都市銀行の一角を占めた北海道拓殖銀行が経営破たん、98年には日本長期信用銀行（現新生銀行）が破たんして一時国有化されました（13章）。

かで一部の不動産・建設企業の経営が悪化・破たんし、この業種に重点的に貸出していた金融機関の経営が悪化しました。すなわち「不良債権」が急増しました。

「不良債権＊」とは、銀行が行った融資で、当初の約束通りの期日に、元金あるいは利息が支払われない債権を意味します。

90年代には銀行の破綻も発生し、97年以降はさらに大手銀行の破綻など**金融システム危機＊**が生じました。そこで、「金融機能安定化法」「金融再生法」「金融機能早期健全化法」などが制定され、主要都市銀行を中心に銀行への公的資金注入などが行われ、さらに2002年には金融再生プログラムが実施されました。銀行を始めとする金融機関は不良債権の償却・リストラに努め、2004年以降、景気の改善もあって、ようやく不良債権問題は終息しました。

銀行貸出のスタイル

銀行の貸出は、融資とも呼ばれます。企業が融資を受ける、すなわち銀行からお金を借入れる方法として、①**銀行資金の貸付け**を受ける、②**企業が手持ちの商業手形を銀行に割引依頼する**、があります。②に比べ圧倒的に多い①は貸出のスタイルによって、さらに**A：手形貸付、B：証書貸付、C：当座貸越**に分かれます。印紙税（手形に必要）負担の問題や、手形取引自体の減少もあって、現在はBの利用が圧倒的に多くなっています。また銀行の貸出は期間により、短期（1年以内）と長期（1年以上）に区分されますが、資金の用途別の分類＊として、運転資金、短期つなぎ資金（一時的資金不足時に対応する）、在庫資金、設備投資資金、決算資金などがあります。

＊資金使途
融資する銀行としては、貸したお金の使途（たとえば、設備投資として借入れた長期資金を運転資金に流用していないか）を確認したり返済手段（借りた資金をどうやって返済するか）をチェックすることが必要です。

● A：手形貸付

3章の「間接金融方式」で学んだように、企業は銀行からお金を借りる際、借入れ額を額面に記載した約束手形を銀行に差し入れることがあります。これが手形貸付です。企業にとっては、利息が先取りされることや印紙税負担もあることから、利用が減っています。

手形貸付は、企業・銀行双方にとり、簡便な貸出方法として利用され、

① 短期の運転資金・つなぎ資金などの借り入れ（3カ月・6カ月、1年以内など）に利用し、
② 手形を書き換えることにより、返済期日を延長することができ、
③ 銀行にとっては、手形の書き換えの際に、企業の経営・財務状況の再チェックが行える、などの特色があります。

● B：証書貸付

企業と銀行とが契約書（借用証書）を相互に取り交わす形式で、最もよく利用される方法です（**図2**）。

① 長期の借入れ契約に使用される（企業の設備投資資金借入れなど。家計でも住宅ローン借入れでこの形式が使われる）。

② 契約書にさまざまな内容が記載できる（金額・利息・返済期限のほか、返済方法、担保・保証など）。とくに、銀行の貸出の条件として、

> **担保**（返済が滞った場合に、銀行が担保を処分して回収する。担保は不動産などが多い）
>
> **保証**（借入人が返済できない場合に、保証人が代わって返済を行う）

といった、銀行が要求する信用補完内容が記載されることが多いです。

図2　証書貸付（例）

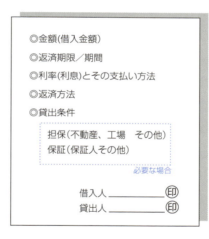

●金銭消費貸借契約証書である
●有価証券ではない
●保証人には別途保証する意思の確認が必要

● C：当座貸越

＊当座預金
2章、5章参照。

＊不渡り
62頁参照。

企業は、銀行に決済・支払い用口座として、通常、当座預金＊を開設します。

この当座預金に資金が不足したまま放置すると、支払いのために発行した手形・小切手が**不渡り**＊になるなど、企業の信用に関わる大問題が生じかねません。そこで、突然の資金需要や不測の事態により資金不足が生じた場合へのセーフティネットとして、当座預金に当座貸越の設定（当座貸越契約）ができます。当座貸越のメリットとしては下記の①～④があります（**図3**）。

① 当座預金の残高がなくても、貸越限度（企業・銀行間で決める。**図3**では500万円）までは資金決済が行える（資金不足→不渡りにならない）。

図3　当座貸越のしくみ
　　　　　　（例）

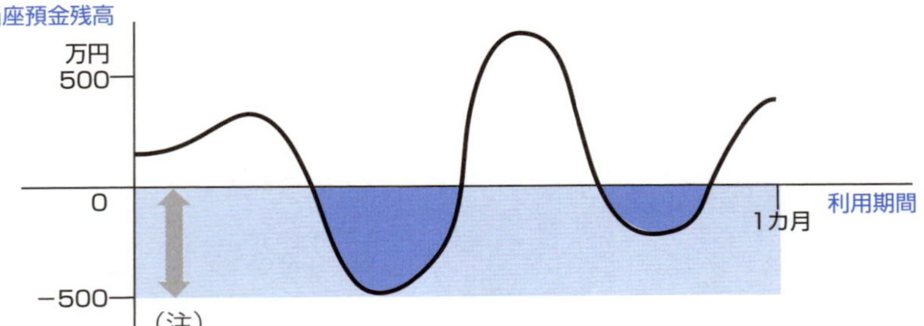

当座預金残高

(注)
● グラフの曲線は当座預金の残高推移（■はマイナス）
● 貸越契約を500万円まで設定した場合
● 利息支払いは当座貸越利用期間（■の部分）金額のみでよい
● 利息支払いは後払い
● ■は同期間500万円を手形貸付で受けた場合の利払い

② 突然の支払いや、緊急の資金需要に対応できる。
③ 手形貸付のような、書き換えの手続き、印紙代負担などの手数・費用なし。
④ 利息支払い面で有利（貸越使用金額について、使用期間についてのみ利息を支払えばよい。図3の■部分）。

● D：手形割引

　企業が商取引で、相手方から、代金支払いとして約束手形を受け取ることがあります。約束手形は将来の一定の期日に支払うことを約束して振り出した有価証券で、商取引の裏付けがあることから、商業手形と呼ばれます。しかし資金繰りの関係で、企業が手形期日前にお金が必要になった時、この手形を取引銀行に持ち込み、融資を受けることがあります。これを手形割引といい、割引日から手形の期日までの金利（割引料）を、銀行が手形金額から差し引いて融資します。

● E：コミットメントライン

　企業（主に大企業）が突発的資金需要（M&Aや資本市場の混乱）に対応するなどのため設ける予備的な銀行融資枠。あらかじめ企業と銀行が合意した、金額枠・期間・条件の下で、企業の請求に基づき銀行が融資を約束するものです。コミットする金額に対応して、銀行は手数料（コミットメント・フィー）を得ます。とくに企業がCP（コマーシャル・ペーパー：3章参照）を発行する場合、償還時での万一の資金不足が生じる事態に備えて、銀行が設定する短期借入枠をバックアッププラインと呼びます。

● 貸出金利

　現在、銀行の預金・貸出金利は自由化されており、企業が銀行から借り入れる場

第11章 銀行の活用法
金融のデパート「銀行」とのおつきあい

合の金利は、両者の交渉に基づきます（もちろん法律による上限金利*があります）が、変動・固定の区別があり（①A）、基準となる金利としては、プライム・レート（①B）があります。

*上限金利
利息制限法により、貸出金額に応じて15〜20％（年利）となっています。

①銀行金利の種類

A **変動金利** 市場の金利の変動に従って、貸出し金利を変更するもの

　固定金利 借入れ時に設定した金利が返済期限まで変更されずに続くもの

B **プライムレート** 最も信用度が高い相手に適用される金利

　（最優遇貸出金利）

過去にはすべての銀行が日銀の公定歩合に連動して設定していましたが、1989年以降は、各行独自に設定するようになりました。短期（1年以内）と長期（1年超）があります。

*TIBOR
Tokyo Interbank Offered Rateの略。東京市場におけるインターバンクレートで「コール無担保物」の取引金利のこと。メガバンク等15行のレートがレファレンス（参照）レートとして、1995年から公表されています。

C **スプレッド貸出**：貸出金利＝銀行の調達コスト＋スプレッド

　主に大企業取引などで、銀行の資金調達コスト（基準はTIBOR*）に利ざや（スプレッド）を乗せて（加えて）貸出す方式があります。

メインバンク制度とその変容

日本では長期にわたり、銀行を中心とした間接金融が優位に立っていたわけですが、日本の企業と銀行との間の緊密な関係を示す事例の1つに、メインバンク制度があります。

といっても、相対取引である企業と銀行の間で、そうした制度・取り決めがあるわけではなく、相手の銀行が、企業にとって、最も緊密な関係を築いている主力銀行であるという、「取引地位」を指し示す言葉です。多くの場合、

① 企業に対して、**最も多額の貸出や保証**といった「与信」を行っている（与信残高が最も多い）銀行

② 長期にわたる取引があり、企業にとって**最も親密**と目されている銀行

ということになります。

こうしたメインバンクを持つことによって、企業（中小企業）はこれまで、

① 資金調達の効率化が図れる（多くの銀行と分散して取引を行うと、資金調達の交渉や資金管理に手間がかかり、かつ機動的な調達ができない）

② 親密なつきあいの中で、さまざまな経営アドバイス・情報が得られ、また相談に乗ってもらえる（銀行が与信判断を通じて「経営のお目付け役」として**ガバナンス***の一端を担う）

*ガバナンス
企業統治のこと。

③ 銀行との取引のなかで、商取引の斡旋・紹介や、人的支援（適材を紹介あるいは斡旋してもらう）が得られる
④ 企業の経営が悪化した際に、メインバンクが中心になって、企業の危機を切り抜け、あるいは再建を支援する（資金面・人的支援など）ことが期待できるといったメリットがありました。

このメインバンク機能は、大企業の場合は、資金調達が直接金融に傾斜し、銀行との力関係が大企業優位に変化していくに伴い、弱まりつつありましたが、80年代末のバブル経済までは基本的には両者にメリットがある win-win の関係が続いていました。

しかし、90年代多くの銀行が陥った不良債権増大と体力低下、株式相互持ち合いの低下、貸出政策の変更（貸し渋り）などの影響により、メインバンク制度はその力を弱め、とくに上記④の機能が著しく弱まったことで、メインバンク制度は以下 A～D のように変容しつつあるといえます。

A．銀行が果たす企業経営に対するチェック機能への依存度が低下し、株主を重視するグローバル・スタンダードに基づいた企業統治（コーポレートガバナンス）が優位を占めつつある。

B．企業再建・再生について、銀行主導以外の手法（産業革新機構などの官民ファンド）への依存度が増してきている。

C．「失われた20年」の間はデフレ基調のため、大企業の投資需要は低金利下にもかかわらず慎重かつ内部資金での対応が多く、メインバンクが大型案件をまとめる機会は多くなかった。

D．中小企業では、引き続き多くの企業がメインバンク機能を活用している。

シンジケート・ローン

＊シンジケート
複数の銀行など金融機関が、幹事銀行のもとで協調して融資を組成すること。

日本の場合、もともとは、国債などを引き受ける場合に、シンジケート＊団を組成することが行われていました。一方、国際金融の世界では、国際金融市場でさまざまな国の銀行が共同で大型貸出を行うシンジケート・ローンが古くから行われていました。これに対して国内でも、メインバンク制の弱体化、銀行体力の低下、リスク分散の必要、融資管理コストの軽減を図るため、大型融資を中心にシンジケート・ローンが増えてきています。

シンジケート・ローンの特色としては以下の①～④があります。
① 巨額の資金需要（大企業や、政府機関、大型プロジェクト（⇒135頁「プロジェ

第11章 銀行の活用法
金融のデパート「銀行」とのおつきあい

クト・ファイナンス」）など）に対応するため、複数の金融機関がシンジケート団を形成し、１つの契約の下に協調融資を行う。

② 幹事銀行（アレンジャー）は、多くの銀行に参加を呼びかけて融資を行う。

③ 融資の管理は、エージェント（幹事銀行が務める場合が多い）が行う。

④ シンジケート・ローンを組成した幹事銀行は、手数料を稼げる。

金融のスポットライト 市場の液状化と危機管理

みなさんは、日本を襲った巨大地震（2011年の東日本大震災など）が、地盤の弱い地域に液状化現象を起こし、建物に大きな損害を与えたことを覚えていますか。大地震の大きな力が働くと、これまでは問題なさそうに見えた地盤の中で弱い部分が、ズブズブの液状になってしまいます。同じような「液状化」現象は、深刻な国際金融危機が直撃した金融市場でも見られます。

巨額のグローバルマネーが瞬時に移動できる国際金融市場では、投資家の金融商品や金融システムへの信頼が大きく揺らぐ事態（たとえば米国のサブプライムローン問題）が発生すると、需要・供給のバランスが急激に崩れ、売りが売りを呼ぶという状況が生じることがあります。こうした場合に、通常なら働くはずの市場メカニズムが機能しなくなることがあります。通常は、売られ過ぎに対する買い戻し、つまりリスク・リターン間の合理的な均衡（バランス）の回復が柔軟に行われるはずなのですが、むしろ極端な「リスクを回避する行動」＝安全性への逃避、つまり安全資産（現金や国債など）への資金流入が急速に生じます（リスクオン→リスクオフ→リスクゼロへ）。市場での金融商品（とくに価格変動リスクの高い資産）の価格が底なしになる恐怖感が増幅するのです。このような投資家の行動が、連鎖・拡大して、一方通行的「市場」が成立しやすくなります。

さらに市場に大きな情報の非対称性（10章）が存在する場合は、投資マインドや投資行動はパニック的ともなり、市場による合理的価格形成は当面望めない事態も生じます。

各金融市場もこうした市場の大きな混乱を冷却するための措置（株式市場の値幅制限など）や手段を講じていますが、市場の秩序・安定を回復するのは容易ではありません。このような市場の重大な危機は、市場自身の力で切り抜けることは非常に困難と言わざるを得ません。

実際に90年代以降で、92年欧州通貨危機、94年メキシコ通貨・金融危機、97年アジア通貨危機、98年ロシア・中南米金融危機、（そして今回の米国サブプライム危機）など、大規模な国際金融危機が発生した場合、やはり市場の危機の根源に届く、確かな政策が打たれることが、市場の安定の「必要条件」となりました。たとえば、米国の場合は2010年に金融規制改革法が制定され、ファンドの規制などを強化しています。こうした危機の背景に存在するさまざまな問題への対応を含めて、ますます国際金融危機に対する危機管理政策が重要になってきています。

銀行の自己資本比率規制（BIS規制）とモラルハザード

金融基礎力レベルアップ講座

「自己資本比率規制」とは、銀行などの自己資本が、総資本（自己資本＋他人資本）に占める比率（自己資本比率）を、一定水準以上に維持することを義務付ける規則です。1988年以降、国際決済銀行（BIS）は、自己資本比率について、最低比率（国際業務を行う銀行は8％、国内業務を行う上では4％）を定め、各銀行にこれを上回ることを求めました。BISの所在地バーゼルに因み、バーゼル1、2、3と呼ばれます（以下ではBIS1、BIS2、BIS3）。金融規制のグローバル・スタンダードの1つです。自己資本比率規制は、2004年（BIS2）、2010年（BIS3）と改訂され、現在に至っています。規制内容は、2008年のリーマンショックを経て拡大していますが、基本的に、①自己資本の最低基準の拡充、②各種指標によるチェックと規制、が行われます。BIS3においては、

原則　自己資本比率＝自己資本（Tier1＋Tier2）÷リスク・アセット＞8％
Tier1：普通株式（＞4.5％）＋内部留保など「中核的自己資本」（＞6％）
Tier2：劣後債券、劣後ローンなど

①はさらに、BIS3で資本保全バッファー（不測の事態で経営が悪化した際に取り崩し可能な資産）が定められ、自己資本のセーフティネットに組み込まれました（2016年以降に実施予定）。2019年時には、総自己資本は、自己資本（Tier1＋Tier2）＋資本保全バッファー＞10.5％が求められます。またリスク・アセットとは、資産の各項目にそれぞれの資産に応じたリスク・ウエイト（たとえば日本国債は0％、事業法人は格付に応じて高まる）を乗じて算出します。

バーゼル3における自己資本の量の強化

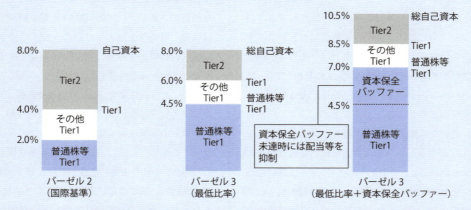

日本の金融行政では、金融機関がこの「自己資本比率規制」を守れない場合、金融当局から経営に関する是正命令を受けます。これは銀行経営の健全性（以下①、②）を維持するために重要です。
①銀行体力の強化：銀行に大きな損失が生じた場合（貸出資産の不良債権化など）に、これに対処する資本（損失を償却する）として、自己資本が十分存在することが望ましい。
②銀行のモラルハザードの防止：銀行経営陣が自己資本の裏付けなしに貸出を積極的に増大する（リスク・アセットの拡大）などの安易な貸出政策、過度なリスク負担を抑制する。

第11章 銀行の活用法
金融のデパート「銀行」とのおつきあい

キーワードを学ぼう

 ### 融資と審査

銀行が企業にお金を貸すのが「貸出」ですが、貸出資金の元（源資といいます）は預貯金です。もし返済が滞ったり、回収が不可能になると、銀行も預金者も困ります。そのため、銀行は貸出を行うに際して、企業のリスクや返済能力を十分チェックし、信頼に足るかどうかという「与信判断」を行う「融資課」を支店に設けています。融資金額が大きい場合などは、本部に置かれている専門的な「融資部」もしくは「審査部」が、さらに審査を行うことが一般的です。

 ### BISの自己資本比率規制

1988年、スイスのバーゼルにある国際決済銀行（BIS）では、主要国の銀行が健全性を維持するため、銀行の自己資本比率を一定以上に保つことを定めた「自己資本比率規制」（通称BIS規制）を採用しました。「自己資本比率」とは、バランスシート（B/S）上の自己資本が総資本に占める割合のことです。BIS規制は、バーゼル1（1988年）、2（2004年）、3（2010年）と見直され、国際的な金融規制・監督体制となっています（⇒134頁「銀行の自己資本比率規制とモラルハザード」）。

 ### 日本の金融機関とBIS規制

1980年代まで順調に資産拡大を図ってきた日本の銀行（とくに都市銀行）は、当初「資産に対し自己資本充実をルール付けるBIS規制（バーゼル1）に大きなショックを受けました。そしてバブル崩壊以降90年代に不良債権が増大するにつれて、このBIS規制が日本の銀行経営に重くのしかかってくることになりました。つまり不良債権が回収されないと、総資産は減らないものの、自己資本は不良債権償却（損失）のために減っていくことから、自己資本比率が悪化してしまうのです。

 ### 中小企業と「貸し渋り」問題（90年代）

90年代、日本の少なからぬ中小企業が銀行取引面で問題に直面しました。銀行の不良債権が増大するなかで生じた、いわゆる「貸し渋り」（貸出の継続が断られたり、返済を迫られる）問題です。とくに不良債権比率が高く自己資本比率の低い銀行と取引を行う企業にとっては、かなり深刻な脅威になりました。この「貸し渋り」の背景には、BIS規制で定められた「自己資本比率」の改善方法として、総資本（総資産）の圧縮に追い込まれた銀行側の事情がありました。

 ### プロジェクト・ファイナンス（Project Finance）

企業全体の信用を評価して行われる貸出が企業金融（Corporate Finance）と呼ばれるのに対して、特定のプロジェクト（事業）の価値・資産や収益力・キャッシュフローにのみ依存して行われるのがプロジェクト・ファイナンスです。

事業のリスクを、事業に関わる企業のみならず、金融機関もシェアして負担することになり、ノン・リコース（企業が貸出の返済に責任を負わない）が原則です。リスクの高い資源開発案件などに活用されます。

第12章 金融政策のしくみと役割
「政策金利」を理解しよう

ずいぶん頑張ってきたわね。ゴールまでもう少しよ。ここでは日銀が主人公ね。キーワードはたくさんあるけれど「政策金利」関連が多いわね。

日銀とか新聞やTVでもよく登場するけど苦手だなあ。この間（2章）の「マイナス金利」では理解するのに大変でした。でも、なんでそんなに「政策金利」で大騒ぎするのかな。

「政策金利」が金融のナビゲーターだからよ。日銀だけでなくFRB（米国）やECB（EU）もグローバルに注目されているわ。

なるほど、たしかにカーナビがないと道に迷っちゃいますよね。でも僕なんか生まれたときからずうっと低金利だったし！ 金融政策のカジ取りでそんなにちがうものですか？

デフレ脱却を目指したアベノミクスの「3本の矢」戦略でも、「第一の矢」はまさに金融政策だったわ。その結果、いきなり円安になり、日本の株価が大幅に上がったし、少なくとも一応デフレに歯止めはかかったわ。

なんとかあと数年、僕の就活まで景気が悪くならずに、就職の売り手市場が続いていてほしいな！

本気でそう思うなら、金利政策にも無関心でいられないはずよ。

第12章 金融政策のしくみと役割
「政策金利」を理解しよう

政策金利は金融のナビゲーター

国の財政政策と並んで金融政策が重要なことはいうまでもありません。そして90年代以降、とくに先進各国では、金融政策の比重が急速に高まってきました。その背景としては、
①財政赤字拡大により、機動的な財政政策がとりにくくなってきた
②経済のグローバル化により、マネーの変動（投資・資本移動や、資産の海外展開他）が実体経済に与える影響はますます大きくなり、反面、深刻な金融危機が幾度となく発生したため、金融政策の危機予防／危機管理政策としての重要性が高まった
ことがあると見られます。そこで各国の中央銀行（米国：FRB、ユーロ圏：ECB、中国：中国人民銀行など）による金融政策が経済に及ぼす影響力は格段に大きくなり、今や金融機関や市場関係者だけではなく、多くのビジネスパーソンが注視しています。

1．日銀の政策目的（物価の安定）

　　日銀は金融政策により、金利（水準）・マネーストック（量）に強い影響力を行使して物価の安定を図っています。日銀は、①80年代までは長期にわたり公定歩合政策を行ってきましたが、その後、②市場金利の一層の低下を促すため、直接的に市場金利（コールレート）を誘導目標（政策金利）とする政策（とくにゼロ金利政策）が導入され、さらに③量的緩和政策（市場に流通するマネーの量的拡大）が実施されました。
　　①の「伝統的金融政策」に対して、②「ゼロ金利政策」と③は「非伝統的金融政策」として90年代以降に導入され、現在（2017年）に至っています。

2．異次元的金融政策の登場

　　2013年日本銀行は、それまでの根強いデフレ経済からの脱却を目的として、一段と踏み込んだ金融緩和政策を実行しました。この政策の特長は、日銀のオペレーション（国債買入れなど）により、①「量的・質的金融緩和」として、マネタリー・ベースと日銀が保有するリスク資産の規模を急拡大して、市場の流動性を高める、②達成目標に期限（2年）を設ける、という、これまでにない政策だったため、「異次元的」政策と呼ばれました。さらに2016年には、初めて日銀の当座預金の一部に、マイナス金利（2章）を導入しました。

3．世界的な低金利・金融緩和政策が続く現状

　　ゼロ金利政策や金融緩和政策といった非伝統的な金融政策を実施・持続しているのは日本だけではありません。米国のリーマンショック（2008年）がもたらしたグローバルな金融・経済の混乱への危機管理政策として、米国FRBが積極的に導入し、ユーロ圏でもギリシャ国債危機に対応するためにECB（欧州中央銀行）が実施に踏み切りました。一方、経済・金融が回復した米国では、2015年末からFRBがこれまでのゼロ金利政策からの脱却（利上げなど）を実施していますが、米国経済のみならずグローバル経済にも影響が大きいため、慎重な対応を余儀なくされています。

金利の決まり方──金利水準を左右する要因

金利（利息）の水準は何によって決まるのでしょうか。2章で学んだ金利の考え方として、①お金を使わずに我慢した忍耐料、②貸したお金が戻らないリスクを負う見返り、③現在のお金が将来目減りしてしまうことへの補償、などがありました。この「我慢」とは、A. お金を使っていろいろなモノ・サービスを購入/消費して、満足感（効用）を得ることを我慢した。B. そのお金を別の対象に投資したり、自分でビジネスを行ってより多くのお金を稼ぐチャンスをあきらめた（我慢した）、の両方が考えられます。

①では、お金に対する需要が多ければ多いほど、そのお金を使わずに貸しておく忍耐料は当然高くなります。（市場におけるお金の需要と供給の関係）

②については、リスク（4章）が大きければ、それだけ貸したお金が戻ってこない可能性が高いとして、金利（利息）は高くなると考えられます。

③については、インフレ率（物価上昇率）の問題と密接に関係します。インフレにより物価が上昇する経済を考えてみましょう。たとえば、ハンバーガー1個が今年は100円だとします。物価上昇率が5％のとき、1年後に同じバーガーは105円に値上がりしてしまうので100円では買えません。つまり現在の100円の価値は、1年後には目減りしてしまうのです。

①市場における資金の需要と供給（お金の需給関係）

　一般的に市場では、金利が高ければ借りたい人や企業は少なく、金利が低ければ多いという関係がなりたちます。また借りたい人（資金需要）が多くなれば金利が上がり、逆に借りたい人が減れば金利も下がります。

②金融取引（借りる相手や金融商品）のリスク（信用度の違い）

　金融取引における金利は、借りる相手や金融商品のリスクの大小（高低）によって異なり、リスクが大（高）の場合は、金利が高くなります。

　あくまで一般論ですが、下の表では右側（b）が左側（a）よりリスクが大（高）と考えられ、金利も高くなるのが通例です。

```
a．大企業で優良企業    ＜   b．中小企業で不安定企業
a．企業（法人）        ＜   b．家計（個人）
a．国                  ＜   b．民間企業
a．担保付ローン        ＜   b．無担保ローン
```

③**インフレ率**

このインフレによる目減りを視野に入れたのが、「名目金利」と「実質金利」の関係です（⇒27頁）。さらに2章で学んだ金利の中に、「政策金利」がありました。日本銀行は、物価安定などのために政策金利を調整します。

中央銀行の役割

各国の中央銀行（central bank）の機能には、その歴史や政策の違いなどにより異なる部分もありますが、以下①～④の役割と業務はほぼ共通しています。
① 銀行券を独占的に発行（発券銀行）する。
② 政府の銀行としての諸業務を行う。
③ 通貨・金融秩序を維持し、物価を安定させるために金融政策を行う。
④ 銀行の銀行、最後の「貸し手」として、必要な場合に、信用供与を行う。

他国の中央銀行では、米国の連邦準備銀行（FRB ⇒144頁）、EU（ユーロ加盟国）の欧州中央銀行（ECB）、英国のイングランド銀行、中国の中国人民銀行などがよくメディアに登場します。

日本の中央銀行が**日本銀行**です。日本銀行は上記①～④の業務および金融政策を実施している重要な機関です。しかもその存在は、80年代末のバブル経済崩壊以降、平成不況長期化、深刻な金融システム不安、デフレ経済持続など、金融政策の必要性・比重が増す中、一段と注目度がアップしてきました。

現在の日本銀行は、1997年新しい「日本銀行法」の制定・施行により、これまで以上に、**A：政府からの独立性の強化**（政府が総裁以下政策委員を罷免できない、政策委員の権限強化など）、**B：透明性の向上**（政策委員会議事録公開、総裁の国会証言などの説明責任強化など）が図られています。

日本銀行と（マクロ）金融政策

日本銀行は、「日本銀行法」に基づいて、
  1条1項 通貨・金融の調節（金融政策）を行うこと、
    2項 信用秩序の維持に資する（金融システムの安定・維持を図る）
が定められており、金融政策の目的としては、
  2条 物価の安定を図ることで、国民経済の健全な発展に資する
としています。物価の安定とは、インフレーション（物価全般の持続的上昇）でもデフレーション（物価全般の持続的下落）でもない状況のことです。90年代日本

ではバブル経済崩壊後、平成不況長期化のなかで、経済のデフレ化（物価全般が、持続的に下落する状況）が発生し、経済に深刻な打撃を与えました。デフレがもたらす負の経済効果（デフレ・スパイラル）は図1のとおりです。

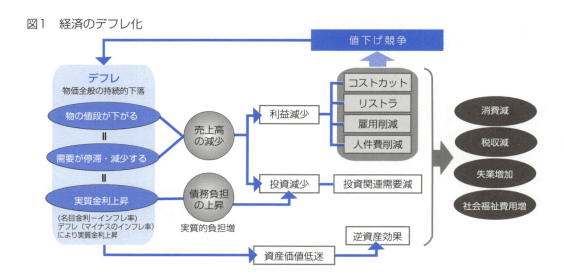

図1　経済のデフレ化

日本銀行は、金融政策により、金利（水準）、マネーストック（量）に強い影響力を行使することで、物価の安定を図っています。

● **金利調節**

市場金利を調節するために、日本銀行が長期にわたって行ってきたのは、まず①**公定歩合政策**です。公定歩合は、日本銀行が金融機関に貸出を行う際に適用する金利ですが、この公定歩合を上下させることで市場金利に影響を与え、金利を調節する政策です。その後、②**市場金利水準のよりいっそうの低下を促すために、市場金利（短期コールレート）の水準自体を誘導目標（政策金利）とした政策**、さらには以下に述べる**量的緩和政策**が実施されました。2001年以降、③日本銀行は、金融機関が担保を有する限り、必ず公定歩合金利で資金を（日本銀行から）調達できる**ロンバート型貸出制度**を新たに設定したので、公定歩合金利が、市場金利（コールレート）の上限となっています（市場金利がもっと高ければ、銀行等は市場でなく、日本銀行から調達できるからです）。

● **量的調節**

一方、日本銀行は、**お金の量（マネーストック）**に影響を与えることで金融政策を行っています。日本銀行は、マネタリーベース＊（現金通貨＋日銀当座預金〔各

＊マネタリーベース（ベースマネー）
2013年に始まる日本銀行の「異次元緩和政策」によって、マネタリーベースを2年で2倍に拡大することを目標に、市場に流れるマネーの量を大幅に増やす政策が実施されました。（7章）

第12章 金融政策のしくみと役割
「政策金利」を理解しよう

金融機関が日本銀行に持つ当座預金])を増減させることで、市場に資金を供給（あるいは回収）します。そして5章の「信用創造」の項で登場した（⇒62頁）銀行が預金の一定比率を日銀に預け入れる比率（法定準備率）を上下させて、市中の資金量をコントロールする預金準備率操作が、1991年まで使用されてきました。

　現在は、より機動的な資金供給のオペレーション（買いオペ）と資金回収のオペレーション（売りオペ）が主要な手段となっています。

① 買いオペ　日本銀行が、市中銀行が保有する国債などを購入し、その代金としてのお金を供給すること（市場に資金を供給する効果→金融緩和）

② 売りオペ　日本銀行が自ら保有する国債などを売却し、その代金として市場からお金を吸い上げること（市場から資金を吸収する効果→金融引締め）

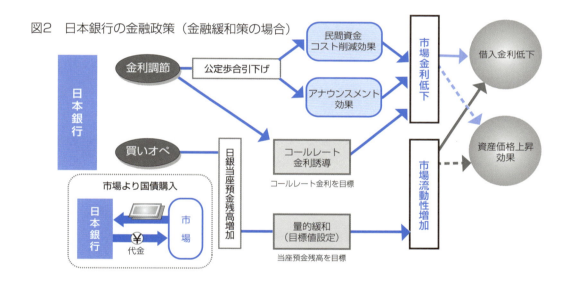

図2　日本銀行の金融政策（金融緩和策の場合）

日本の金融政策——ゼロ金利・量的緩和政策・異次元緩和政策

● 金利政策

　前頁でみたように、日本銀行は長期にわたり公定歩合政策を実施してきました。しかし、1980年代後半に経済のバブル化が進行したため、89年より90年までに急速に金利の引上げ（公定歩合2.5％→6.0％）を行い、バブルの急激な崩壊が生じました。そして株式や不動産等の資産価格は急落し、金融機関の不良債権が増大し、経済を一段と悪化させたといえます。その後平成不況が長期化したため、今度は金利を引き下げ（95年までに公定歩合を0.5％に引下げ）ましたが、景気回復

効果は十分でなく、とくに98年以降金融システム危機が発生し、経済のデフレ化も進行しました。そこで、日本銀行は、公定歩合政策から一段踏み込んでゼロ金利政策を実施しました。99年、日本銀行は市場金利のうち、最も短い期間（翌日返済）の無担保コールレートをターゲットとし、これを事実上０％に低下させるよう、誘導する政策を実施しました。これが「ゼロ金利政策」です。

● 量的緩和政策

さらに日本銀行は、金利水準の誘導（ゼロ金利政策）でも、デフレの克服には十分ではないとして、2001年、市場への資金供給をいっそう強化する政策に踏み切りました。これは金融の量的な指標として、日銀当座預金残高（各金融機関が日本銀行に持つ当座預金の残高）に目標値を置く政策です。

この残高を増やすことで、金融の量的な緩和を達成するというものです。その結果、ようやく金融緩和の効果が定着しましたが、2008年グローバルな金融危機（リーマンショック）に見舞われ、金融環境は悪化し再びデフレが進行しました。

● 異次元（的）緩和政策

2013年、日本銀行は、デフレ脱却のために、政府と日銀との協調姿勢をより明確にして、２％の物価目標を初めて設定し、従来の金融緩和を一段と強化する以下①〜③の政策を導入しました。これはこれまでと「異次元」的であり、同時期の政府施策（アベノミクス）の「第一の矢」と称されました。

① 物価目標（２％）を達成期間（２年）を念頭にできるだけ早期に実現する
② 積極的なベースマネー（⇒140頁）の増大（２年間に２倍）
③ 国債保有額・平均残存期間は、２年間で２倍以上とする

さらに2016年には、政策金利として、初めてマイナス金利（⇒32頁「マイナス金利の意味するもの」）を導入しました。

プルーデンス政策

金融政策の目的として、金融システム・秩序を維持し安定させることも非常に重要です。これは、マクロ金融政策（狭義の金融政策）と区別してプルーデンス政策と呼ばれます。プルーデンス（prudence）とは「節度」という意味ですが、ここでは金融秩序維持政策を意味します。つまり金融システムを節度ある安定した秩序に保つための政策を総称します。

金融システムとは、金融機関（５・６章）や金融市場（３章）、金融の諸制度・法・規制などを総称し、金融の幅広い枠組みを指しています（図３）。プルーデンス政

図3　金融システム　　金…金融機関

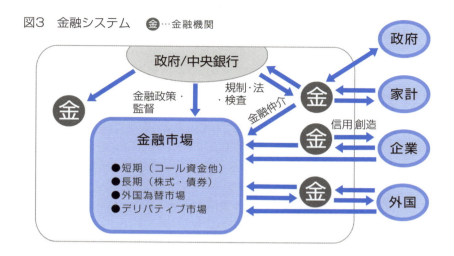

策とは、図に示されたシステム全体の円滑な運営や、秩序を維持するための政策であるマクロ・プルーデンス政策と、個別金融機関の健全性・安全性を確保・モニター・規制するミクロ・プルーデンス政策を両輪とします。

ミクロ・プルーデンス政策の内容としては、危機を事前に防ぐための政策・規制（事前的措置）と、危機発生の際に迅速に対処し、沈静化・解決する政策（事後的措置）があります。

① 事前的措置・介入：参入・退出規制、業務内容規制、バランスシート規制（自己資本比率規制）、早期是正措置
② 事後的措置・介入：預金保険制度（ペイオフ）、最後の貸し手機能

インフレ・ターゲティング政策

90年代、金融政策の目的である物価安定を実現するために、さらに踏み込んでインフレ率を一定幅の目標値の範囲（たとえば0～2.5％）で変動するように金融政策を行うことを明示する中央銀行が登場してきました。この政策をインフレ・ターゲティング政策と呼びます。この政策の効果としては以下の①～③が指摘され、現在、英国・カナダ・韓国・ブラジルなどが採用しています。日本の異次元（的）緩和政策も、物価目標を設定したことは一種のインフレ・ターゲティングとみることもできます。

① 中央銀行の採る金融政策の説明責任を果たし、透明性を強化する。
② 政策効果への責任が明確となる（中央銀行の政策担当者が責任を負う）。
③ 政策が信認されることで、期待インフレ率にも影響を及ぼせる。

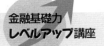

グローバル金融の司令塔「FRB」

1．FRBとFRS

現在世界で最も注目される**中央銀行**といえば、まず米国の**連邦準備制度理事会（FRB）**が挙げられます。正確に言えばFRB（Federal Reserve Board）とは米国連邦準備制度（FRS）の中核をなす組織（理事会）で、7名の理事（任期14年）から構成されています。理事については米大統領による任命と、議会（上院）の承認が必要であり、その独立性・専門性が尊重されています。とくにFRB議長は米国では、大統領に次ぐ影響力を持つと言われています。実際、1987年から2006年にかけて議長を務めたグリーンスパン氏は、米国のみならず世界の金融市場関係者からグローバル金融の司令塔として「マエストロ（巨匠）」と尊称されました。

さて、連邦制の米国では、全米各地に12の連邦準備銀行（地区連銀）が設置され、中央銀行の業務を行っています。そしてFRBとこの12の地区連銀が、米国の「**連邦準備制度（FRS）**」を構成しています（図）。このFRS（Federal Reserve System）の機能は、①金融政策の実施、②金融機関の規制監督、③金融システムの安定性の維持ですが、金融政策は、**連邦公開市場委員会（FOMC：Federal Open Market Committee）**が行います。

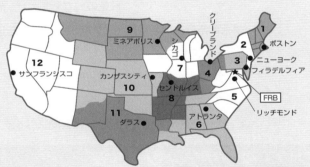

FRBと地区連銀の所在地

出典：Federal Reserve System, "Purpose & Function"

米国の中央銀行制度（FRB）

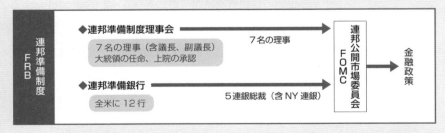

2．FOMCの機能と役割

FRBの7名の理事と5地区連銀総裁の計12名が、FOMCのメンバーを構成し、金融政策を実施し

第12章 金融政策のしくみと役割
「政策金利」を理解しよう

ています（日銀の金融政策決定会合に相当）。FOMCの会合は年8回開催され、その決定や声明（金融政策判断の背景にある景気の現状認識や見通し、今後の政策についての運営姿勢などが公表される）は世界中から注目されています。

3. FRB（FRS）の歴史

中央銀行の歴史としては、米国の場合比較的新しく、英国（17世紀）や日本よりも遅い1913年連邦準備法に基づいて設立されました。もともと各州の力が強く、州を超えて強大な権限を持つ連邦銀行への抵抗が強かったのですが、20世紀初頭に、金融機関の倒産や取付け騒ぎが発生し、危機管理の必要性が高まったことで、米国型中央銀行FRB（FRS）が誕生しました。

金融のスポットライト 「非伝統的な金融政策」と「異次元的な金融緩和策」

金融政策は財政政策のように予算が計上されるというものではなく、その仕組みや効果を理解するのは簡単ではありません。しかし国の経済政策として重要性を増しており、ここでもう一度整理しておきましょう。金融政策を行う「主役」が（各国に一つしかない）中央銀行であることはすでに学びました。各国中央銀行が金融政策を実施する場合に、一般的・伝統的に用いてきた政策は、①公定歩合操作、②預金準備率操作、でしたが、市場金利にダイレクトに影響を与えるために、日本・米国等では徐々に③市場金利（コールレート）操作が主役になってきました。日本の場合、銀行等が短期資金を調達・運用するコール市場で、日銀が短期金利（コールレート、とくに最短のオーバーナイトコールレート＝無担保コール翌日物）を誘導し、市場金利に影響を与えています。そのために日銀は公開市場操作（買いオペ・売りオペ）を行っています。

ところが日本では90年代の終わりに、大手金融機関が倒産する等、深刻な金融システム危機に見舞われ、実体経済も悪化したため、思い切った政策が必要となり、99年2月に導入されたのが「ゼロ金利政策」（上記③でオーバーナイトコールレートをゼロの水準近くに誘導する）でした。さらに2001年には「量的緩和政策」の導入に踏み切りました。

これら2つの金融政策は、日本（日銀）が世界に先駆けて導入したものであり、「非伝統的な金融政策」と称されました。

次に本文でも登場した2013年に始まるアベノミクス「第一の矢」は、「量的・質的金融緩和」政策ですが、これはそれまでの金融緩和政策とは異なって、①数値による物価目標の設置（2％）、②目標達成期限（2年後）の明示、といった一段と踏み込んだ内容でした。そしてさらには③ベースマネーの大幅な拡大（2倍にする）により、市中の流動性を急激に増やすなど、これまでにない「異次元的」な金融緩和政策ともいえます。

さらには、2016年、日本では初めての「マイナス金利」（2章）を導入（日銀当座預金の一部に適用される）しました。その結果、長期金利（長期債利回り）が予想以上に低下してしまったため、2016年9月から「長期金利操作付量的・質的緩和政策」を導入しました。

この政策は、「イールドカーブ・コントロール」（イールドカーブについては2章参照）を目的とするもので、これまでの短期金利への操作に加えて、長期金利にも目標値を設定して、（主に10年国債利回りでゼロ近辺）コントロールしようというものです。

キーワードを学ぼう

 アベノミクス

　日本経済が長期に停滞した、いわゆる「失われた20年」から脱却するために、2013年から実施された金融・財政政策を総称して「アベノミクス」と呼んでいます。内容は「3本の矢」戦略による政策パッケージを一体的に推進するものですが、とくに「第一の矢」では日銀の異次元的金融政策が実施され、経済・金融市場に大きな影響を与えました。

3本の矢戦略

第一の矢：大胆な金融政策
- 企業・家計に定着したデフレマインドを払拭
- 2％の物価安定の目標を2年程度の期間を念頭に置いてできるだけ早期に実現

第二の矢：機動的な財政政策
- デフレ脱却をよりスムーズに実現するため、有効需要を創出
- 持続的成長に貢献する分野に重点を置き、成長戦略へ橋渡し

第三の矢：民間投資を喚起する成長戦略
- 民間需要を持続的に生み出し、経済を力強い成長軌道に乗せていく
- 投資によって生産性を高め、雇用や報酬という果実を広く国民生活に浸透させる

出所：内閣府「安倍内閣の経済財政政策のこれまでの成果」2013年6月

 プルーデンス政策（ミクロのプルーデンス政策）

　ここではミクロのプルーデンス政策、つまり個別金融機関における秩序維持のシステムについて説明します。これはさらに、A．事前的措置、B．事後的措置、に分類されます。

A．事前的措置

　予防的な政策、つまり「転ばぬ先の杖」として、金融システムの根幹をなす金融機関や金融市場の健全性を維持・確保するための政策です。

①参入規制や競争制限…現在は規制緩和の傾向により限定的ですが、銀行に対する免許制や、業務分野への規制があります。
②経営の健全性チェック…第11章で登場した自己資本比率規制などでモニターします。
③早期是正措置…②のチェックに基づき、金融庁が銀行に早期に経営内容の是正を命じます。
④検査・考査…金融庁による検査、日本銀行による考査で、それぞれが銀行資産の健全性をチェックするなど、厳しい立ち入り検査を定期・不定期に実施します。

B．事後的措置

　危機が発生してしまった後、その拡大を抑制し、問題を解決する政策です。

①預金保険制度に基づく対応…経営破たんした銀行の預金保護（上限あり）の他、公的資金の注入を救済する金融機関への資金援助などです。
②日本銀行による最後の貸し手機能の発動…流動性不足に陥った銀行に対して、日銀が資金を貸し付けます。

第13章 「金融危機」はどうすれば防げるか？

故きを温ねて、新しきに備えよう

金融はこれまでたびたび大地震に見舞われてきましたよね。日本では僕の生まれる前（1990年）にバブルが崩壊して金融危機が起こり、その後ずうっと日本経済は調子悪いって聞きました。

「失われた20年」ね。この20年間には、東南アジア（アジア通貨危機）、米国（サブプライム危機、リーマンショック）、欧州（ギリシャ国債・ユーロ危機）と、世界各地で金融危機が起きているの。地震や台風は自然災害だけど、金融危機はどうみたって、人災よね。

じゃあ、僕が社会人になってからも起こる可能性はありますね。なんとか防ぐ方法はないんですか？

備えあれば、憂いなし。つまり、金融の危機管理ね！
災害は忘れたころにやってくると言うでしょ。

えー、やだな。
今度の金融危機が東日本大震災クラスだったらどうしよう！
社会人になった自分のおカネがダメージを受けるのかと思うと、心配です。

そのための「金融基礎力」よ！ 金融を扱うのは人間なんだから、完璧ということはありえないわ。謙虚に歴史から学ぶべきよね。

金融の危機管理

　金融の歴史では、「金融危機」は人間が直接・間接に引き起こす大地震です。金融危機はなぜ起こるのでしょうか？　また金融危機を予測して防ぐ（危機予防）ことはできるのでしょうか？　そのためには危機を引き起こす要因を知ることが重要です。

1．繰り返される金融危機（financial crisis）
①金融危機は各国の金融・経済・社会に深刻な打撃と混乱、そして巨額の損失を及ぼしてきました。経済学や金融学をもってしても予測や予防が難しい大問題です。

②金融危機とは、さまざまな理由で、各国の**金融市場**がショック（内的・外的）に見舞われ、**金融機関**の機能がマヒし、**経営破綻**が生じて、**金融システム**に大きなダメージが生じる事態です。グローバル化が進む現在では、危機が発生した国に留まらず、**連鎖伝搬**していくため、早期の危機管理が必要です。

③日本でも、1990年前後から2000年代にかけて、**バブル経済崩壊**による不良債権急増・金融機関の経営悪化が続出し、**深刻な金融システム危機**に陥りました。

2．金融危機の原因とは？
　金融危機の原因は多岐にわたりますが、ここでは2008年の**米国リーマンショック**を事例に、**金融危機の循環性**と**バブル**について学びます。

●金融の不安定化サイクル
　ヘッジ金融→投機的金融→ポンティ〔ねずみ講〕金融、というサイクルで、金融システムがぜい弱・不安定になり、金融危機の発生リスクが高まっていきます。

●米国に発生した３つのバブル
　A．（住宅）投資バブル、B．信認（過剰）バブル、C．仕組みバブルを指します。
　米国のサブプライム危機・リーマンショックでは、A、B、Cが指摘されます。

3．グローバル金融の危機管理
　金融危機に直面・対応し、再発を防ぐため、各国／国際機関の規制に関するグローバルスタンダードの再構築や、規制の強化が求められます。一方、危機回避には、最適な抑止力やチェック機能を持つ関係者（「最安価危機回避者」）の役割が重要です。

●金融規制のグローバルスタンダード再構築
　①**BIS（バーゼル）規制**：（11章参照）、②**米国金融規制改革法**

●「最安価危機回避者」の役割と責任
　最も小コスト（負担）で危機を有効に回避しうる、あるいはダメージを最小に留めることができ得る者が「最安価危機回避者」です。

第13章 「金融危機」はどうすれば防げるか？
故きを温ねて、新しきに備えよう

繰り返される金融危機

金融危機といえば、まずは1929年（～33年）に米国で発生した「**大恐慌**」が歴史的大事件として語られています。このときは10月に起きた**株式の大暴落**（NYダウ平均指数で約25％の下落）から金融危機が発生し、さらに非常に**深刻な景気後退**（失業率はピーク時で26％に達した）に至り、**デフレスパイラル**（12章）は世界に波及し、欧州・日本経済も大打撃を蒙りました。

さて、その後もさまざまな要因により、金融危機は何度も発生しています。大恐慌以来の危機と評されたリーマンショック（2008年）を含め、最近20年間にも繰り返し危機が生じました（⇒154頁）。

一口に金融危機といっても、その影響が①概ね国内に留まるケースと、②危機がグローバルに波及するケースが見られます。金融機関や市場が、国の枠を超えて活動・連携し、資金が大規模に移動する現在では、グローバルな金融危機のリスクも高まってきているといえます。

①の例としては、1980年代の**米国の S&L 危機**や、1990年代**日本の金融システム危機**があります。両者とも住宅金融専門会社（米国はS&L、日本は住宅金融専門会社〔住専〕）が、景気拡大が過熱（バブル発生）する中、リスクの高い不動産投資に経営資源を投入し、破綻したことが引き金となっています。一方、同じ**国内住宅金融機関の危機**でも、米国サブプライム危機の場合、証券化（3章）により、投資家（金融機関）が国外に拡大し、グローバルな危機に発展しました。

表1

	Ｓ＆Ｌ（貯蓄金融機関）危機（米国）*	不良債権・金融システム危機〔日本〕
発生時期	1980年代～90年代	1990年代～2000年代
危機の発端・危機の内容	**貯蓄金融機関**（住宅資金の積み立てや住宅ローンを専門に行う金融機関）が規制緩和の中で、**リスクの高い投融資**（不動産投資や、エネルギービジネス等）に進出し、巨額の不良債権、に見舞われた。また短期資金（預金）により、長期固定金利運用を行い、**期間のミスマッチ**が金利リスクを増大させた。	80年代後半の低金利が続く中、日本の資産価格の上昇が続き、とくに株式と不動産価格の高騰（**バブル**）が生じた。当時企業の銀行依存度が低下する中、銀行は積極的に不動産関連融資を行ったが、急激な金融引き締めによりバブルが崩壊、不動産・株価が急落した。**不良債権が激増し、金融機関は大打撃を受けた**。実体経済もその後長期低迷した。
結果	Ｓ＆Ｌの**倒産が続出**し、米国預金保険機関の資金が枯渇した。業界企業が**大幅に淘汰**され、Ｓ＆Ｌによる住宅金融は激減した。	金融機関に**巨額の不良債権**が生じ、その処理に**長期の時間とエネルギーを要した**。**大手金融機関の破綻**が生じ、信用悪化が長期化、金融機関の貸し渋りなども発生した。
危機の解決	当時のブッシュ〔父〕政権による ●公的資金を導入 ●Ｓ＆Ｌの淘汰と経営責任の追及	金融再生法（1998年）、金融システム改革法（1998年）、金融再生委員会や金融監督庁（現金融庁）の設立、銀行の再編と合併（特に都市銀行）日本版金融ビッグバン

＊savings & loan associations

金融危機の原因

それでは、金融危機はなぜ発生するのでしょうか。2007〜08年に発生したサブプライム危機・リーマンショックは、リーマンブラザーズという巨大投資銀行の破たんが連鎖し、欧州・日本・新興国経済にも広範なダメージを及ぼしたことから、100年に一度（つまり「大恐慌」以来）と喧伝されましたが、同時にその原因や背景に対する分析についても、さまざまな優れた古典的論考が再び脚光を浴びました。その1つとして、米国の金融危機について永年研究し、その循環性を鋭く指摘した、H. ミンスキー（1919〜96）の**金融不安定化仮説（ミンスキーモデル）**についてご紹介しましょう。同仮説は米国の金融に**金融の不安定化サイクル**を指摘しました。

図1　米国金融市場の不安定化（リーマンショックの場合）

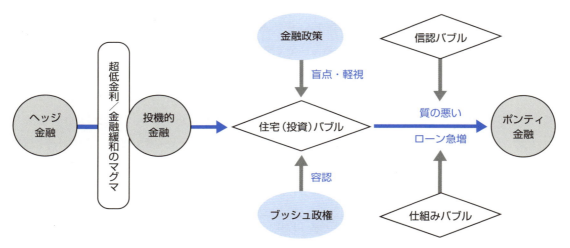

（出所）平田潤『アメリカ経済がわかる本』東洋経済新報社、2012年

● 金融の不安定化サイクル

ミンスキーは、金融（システム）が下のa→b→cに移行していくなかで、危機が発生するリスクが高まることを指摘しました。もちろんその背景には、金融緩和（超低金利）などバブルを醸成させる金融環境があります。

a　**ヘッジ金融**　：**金融システムが頑健性・健全性を維持している場合**、投融資の姿勢は慎重でヘッジも十分（担保や保証、あるいは返済に向けて必要なキャッシュフローが準備されている）。

b　**投機的金融**　：投資家や金融機関が**積極的にリスクを取るため、レバレッジ（借入等負債の比率）を競って押し上げていく**。

c　ポンティ金融：新たな出資（あるいは借入れ）等の資金提供で、前の出資者への配当（返済・利払い）をまかなっていくという自転車操業、いわば**ねずみ講的な金融**が発生・拡大していく。

● 米国に発生・拡大した巨大なバブル

米国サブプライム危機・リーマンショックの流れを見ると、発端はたしかに米国で住宅価格の上昇が長期間続くA．住宅投資バブルとその崩壊がありました。しかし危機を拡大し、深刻なグローバル危機に拡大させた要因として、B．信認（信用評価）バブルと、C．仕組み（手法）バブルが指摘されます。

Bは、大手金融機関の高度なリスク管理能力や、市場メカニズムへの過度の信頼、デリバティブや金融工学の発展に伴うリスクヘッジへの過信などによるものです。Cは、金融商品の安全性まで損ないかねないブラックボックス化の昂進、情報の非対称性の急拡大、モラルハザードの蔓延などが指摘されます。

図2　米国に発生した3つのバブル

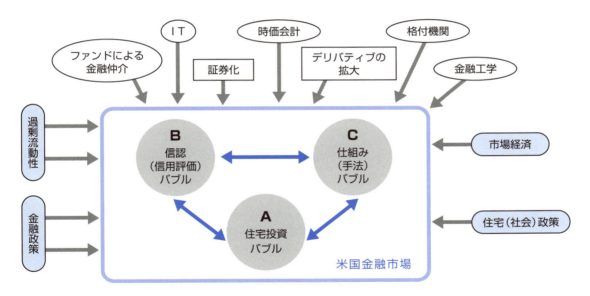

グローバル金融の危機管理

1990年代以降大規模な金融危機が繰り返されています。これまで欧米先進諸国を中心に、金融市場の自由化・規制緩和が進み、ICT革命が進む中で、巨額なグローバルマネーが瞬時に移動できることから、a．通貨や金融市場需給バランスの急激な崩れ、b．価格変動（ボラティリティ）や信用不安の増幅、などによりc．金

融機関や金融システムへの信頼が大きく揺らぐ事態が発生するからです。そこで深刻な危機を防止し、あるいは発生時に効果的に対処し、被害や混乱を最小化するために、的確・迅速な危機予防・危機管理が必要になってきます。

90年代まで、途上国・新興経済国の金融危機に対しては、**IMF（国際通貨基金）** がリーダーシップを取り、**危機管理者**として大きな役割を果たしてきました。

一方、金融市場が発達した先進諸国の場合は、

A．金融政策当局（政府・中央銀行ほか）
B．グローバルスタンダードとしてのBIS規制
C．市場と規制とのなかで、各種のチェック＆バランスの役割を担うことにより、危機予防を果たす「市場型」ともいうべき「**最安価危機回避者**」が発展してきました。

金融規制のグローバルスタンダード

ここではすでに学んだBIS規制のほか、リーマンショックを経験し、再発を防止するため、規制強化を行った米国の制度が参考になります。下図では、2010年の**米国ドット・フランク法**の要点を示します。

図3　金融取引に対する主な規制（2010年原案ベース）

ボルカー・ルール
● 銀行による自己勘定での株式、債券、オプション、デリバティブ等の売買を禁じる
・例外：顧客の依頼に基づくマーケット・メイキングと銀行自身のポートフォリオヘッジの場合
● ヘッジファンドやプライベート・エクイティの運営およびそれらに対する投資の禁止
・例外：それらファンドへの投資額がティア1資本の3％以内までは認められる。
・規制までの手続き：金融安定化監督評議会による調査（6カ月以内）→規制の制定 　（評議会の調査後9カ月以内）→施行（規制公表12カ月後）→移行期間（2年以内、移行期間は最長3年延長できる）
デリバティブ規制
● デリバティブ取引は取引所で清算することが求められる。
● 銀行は高リスクのデリバティブを扱う部門は子会社として分離することが求められる。
・外国為替スワップ、外国為替フォワードは禁止対象外。
・銀行に認められた融資対象資産の金利、資産等を対象とするものは禁止対象外。
・銀行業務と直接関係するリスクをヘッジするために利用する場合は禁止対象外。
資産担保証券
● 資産担保証券の証券化業者は原資産のリスクを5％以上保有することが求められる。
消費者保護
● デビット・カード、クレジット・カードの手数料率に関する規制あり。

第13章 「金融危機」はどうすれば防げるか？
故きを温ねて、新しきに備えよう

最安価危機回避者の役割と責任

　最安価危機回避者とは、最も小コスト（負担）で、危機を有効に避け得る、あるいはそのダメージ（被害）を最小に止めることができうる者・機関のことです。本来当事者（金融機関）や規制当局（政府・中央銀行）や、国際機関（IMFなど）が該当しますが、金融市場の発展の中で、さまざまな「市場型」最安価危機回避者が登場してきました。

　しかしながら、市場経済の最も発展した米国で、21世紀に入り「市場の暴走」により、深刻な危機（サブプライム危機・リーマンショック）が発生してしまいました。本来こうした市場の機能やプレーヤー（金融機関など）の行動をモニタリング・牽制する役割期待をもつ「市場型」最安価危機回避者（格付け機関や国際会計事務所、大手金融機関のリスク管理部門）が、実は力不足だったり、利益相反が生

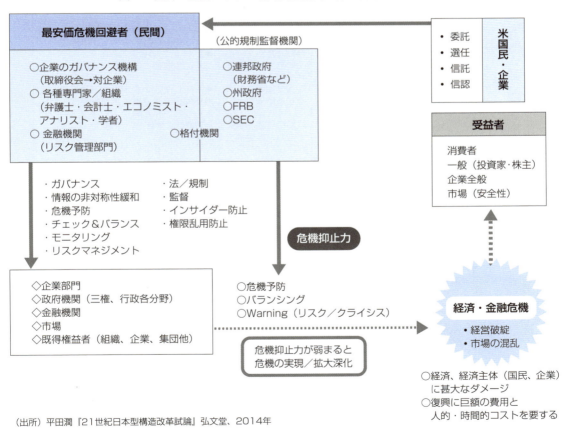

図4　経済・金融における最安価危機回避者の役割（米国のケース）

（出所）平田潤『21世紀日本型構造改革試論』弘文堂、2014年

じて身動きがとれなかったりという事態が発生したためです。こうしたなかで、米国政府（FRB）や各国規制当局、BISやIMFなどにより、新たな枠組みでの規制・再規制が強まっています。

金融基礎力レベルアップ講座

グローバル金融危機（最近20年間に発生した事例）

	アジア通貨・金融危機	ロシアLTCM*1ヘッジファンド危機	サブプライム危機リーマンショック	欧州ギリシャ国債・ユーロ危機
時期	1997～98年	1998年	2007～08年	2009～10年
発生・波及国	タイに発生。ASEAN・韓国に波及	ロシアの国債危機が米国巨大ファンドに波及	米国住宅ローン危機で大手金融機関破綻。さらに欧州に波及*3	ギリシャの国債危機が南欧諸国に波及。ユーロの信認も動揺
危機の内容	●通貨危機（タイ・バーツ）から金融・経済危機へ。タイ・インドネシア・韓国・マレーシアに大ダメージ ●各国共、自国通貨が急落し、ドル債務負担が急増。短期資金が国外に流出し、資本収支危機が発生	●ロシア国債デフォルトで巨額の損失を発生したファンドが破綻しかけたため、FRBの仲介で水際防止（LTCMはノーベル賞受賞者を顧問とする巨大ファンド。レバレッジで巨額の債務を抱えており、影響は大きい）	●信用力の劣る住宅ローンが、米国住宅バブルの崩壊により不良債権化 ●証券化でABS債券の投資家に波及 ●関係した欧米金融機関の経営危機からグローバルな経済危機に発展	●政権交代を機にギリシャの巨額財政赤字の実態が判明し、国債価格が急落 ●同じ問題を抱える南欧諸国国債も市場で売られ、金融機関やユーロに大きなダメージが発生
背景・原因	●ASEAN通貨の対USドル過大評価 ●ASEAN諸国の経常収支（貿易収支）悪化 ●欧米ヘッジファンドによる投機	●ロシア経済・金融の悪化 ●LTCMのポジション戦略失敗と過大な債務（レバレッジ）	●住宅バブル（米国） ●サブプライムローンの濫用（甘い審査基準、貸出競争激化） ●安易な証券化とモラルハザード（甘い格付、仕組みバブル） ●投資家のグローバル拡大	●ギリシャ問題（財政赤字慢性化、財政規律が弱く、改革能力に疑問）
危機管理（危機解決）*2	各国政府とIMFによる支援策	◎米国FRBが米国大手金融機関による救済をアレンジ	◎米国政府の政策	●IMF、EU、各国政府の支援 ◎ECBの政策

*1 Long Term Capital Management
*2 特に効果があったと評価される政策に◎
*3 米国住宅バブル崩壊でサブプライムローンの不良債権化、ローンの証券化により、保有投資家（欧米ファンドや金融機関）損害が波及。グローバルな金融危機に拡大した。

おわりに

　経済が金融に振り回される、具体的には、市場（＝マーケット、株式市場や外国為替市場など）の変動に、企業や政府、そして家計が左右される姿は、経済のグローバル化が加速するなかで、ますます日常的になってきました。今やすべてのビジネスパーソンが、そうしたマーケットの動向にアンテナを張ることが必要になってきた時代と言えましょう。

　しかもICT革命は今やIOT、AIにより、ものづくり産業全般にインパクトを及ぼすばかりか、FinTechにより、金融の姿を変えつつあります。

　筆者は過去、国内・海外で金融ビジネスを担当し、その後、大学で金融経済の教育を担当する機会に恵まれました。

　本書の初版は、基礎から学べるということで、「社会人基礎力」の金融版といった位置づけを想定しましたが、その際、金融の「グローバル・スタンダード」の解説的なテキストではなく、よりユーザー目線に立った「金融基礎力」習得を展望しました。

　今回は初版のコンセプトを十分継承したうえで、激しく変動する金融を理解するため、さまざまな「出窓」を用意しています。これらは、「ワンポイントレッスン」「金融のスポットライト」「ステップアップ」「キーワード」というように、金融の世界への特色ある「アンテナ付きの窓」を多く設け、読者の幅広いニーズに応えようとする試みです。読者のみなさんは、この部分を自由に選択して活用していただければと思います。

　本書については、筆者がこれまで金融とのかかわりで得た「経験知」が反映されていますが、これは多くの方々に支えられています。まず筆者の金融キャリアのバックグラウンドである、現「みずほフィナンシャルグループ」、そして大学では、桜美林大学をはじめ多くの大学で金融教育に尽力されている「野村證券」、金融リテラシーの普及を推進されている「日本証券業協会」の方々に、とくにお世話になっています。もちろん主なユーザーである学生、筆者の担当する「金融入門」「金融論」履修者各位、筆者のゼミナールに参加頂いた皆さん、等との日常の授業でのやりとりなしには本書は成立しなかったでしょう。

　最後に、本書の改訂を計画している間に、金融の動きが非常に早いために、何回も修正が生じ、新刊よりもかえって手間がかかってしまったなかで、辛抱強く原稿ゲラをチェック・修正頂いた、弘文堂編集部外山千尋さんに心から感謝申し上げます。

　　　　　　　　　　　　　　　　　　　　　　　　　　　　　　　　　　平田　潤

プレステップ金融学〔第2版〕● 索引

略　号

- ABS················42
- ATM················6
- BIS1,BIS2,BIS3············134, 135
- CFO················118
- ECB················139
- EPS（一株当たり利益）·········99
- ETF（上場投資信託）·······109, 114
- EVA（経済的付加価値）······118, 124
- FOMC（連邦公開市場委員会）······144
- FRB··············139, 144
- FRS（連邦準備制度）············144
- FX················100
- IMF（国際通貨基金）············151
- J-REIT（上場不動産投資信託）···109, 114
- LTCM··············76, 154
- M1,M2,M3············30, 31
- MBS················43
- NISA（少額投資非課税制度）···83, 92
- PBR（株価純資産倍率）······97〜99
- PER（株価収益率）·········97〜99
- ROE··············97, 103
- SPC················42
- WACC（加重平均値）·······123, 124

あ〜お

- アクティブ運用············109
- アジア通貨（金融）危機······76, 154
- アジア通貨危機············76
- アナウンスメント効果········141
- アベノミクス··········142, 146
- 安全資産················91
- 安全性················50
- 遺言信託················65
- 異次元（的）緩和政策·····142, 145
- イールドカーブ············28
- インカムゲイン········95, 122
- イングランド銀行············139
- インターバンク市場············40
- インフレ・ターゲティング政策····143
- インベストバンキング業務········72
- 売上高利益率··············103
- 売りオペ················141
- 運用·················46
- S&L危機（米国）············149
- 円高と円安···············103
- 欧州ギリシャ国債・ユーロ危機···154
- 欧州中央銀行（ECB）·········139
- 欧州通貨危機··············76
- オーバーナイト返済レート········29
- オプション················102
- オフバランス··············102
- オープン型···············108
- オープン市場···············40

か〜こ

- 買いオペ················141
- 外貨預金················100
- 外国為替証拠金取引（FX）······100
- 外債·················86
- 価格変動リスク········49, 88, 109
- 格付け················88
- 家計·················46
- 貸し渋り問題··········127, 135
- 貸出業務················63
- 仮想通貨··············24, 25
- カードローンの増加············65
- ガバナンス················131
- 株価の決定要因··············96
- 株式会社の起源··············103
- 株式公開················119
- 株式投信················109
- 株主資本················117
- 株主資本コスト··············118
- 株主優待················95
- 株主割当················120
- 為替業務··············63, 67
- 為替リスク············89, 100
- 幹事銀行（アレンジャー）······133
- 間接金融方式···············36
- 元本保証················84
- 企業価値················117
- 企業再生ファンド··············78
- 危機予防・危機管理············151
- 危険資産················91
- 基準価額············107, 114
- 期待インフレ率··············28
- 期待平均収益率··············54
- 規模の利益··············107
- 逆イールド················28
- キャピタルゲイン········95, 122
- 教育資金贈与信託··············64
- 協同組織金融機関··········9, 59
- ギリシャ・ショック········48, 55
- 銀行··············58, 60〜65
- 銀行借入れ················127
- 金融緩和政策···············32
- 金融危機················149
- 金融基礎力·········6, 13〜15, 20
- 金融経済教育推進会議·········19
- 金融工学················151
- 金融市場················40
- 金融システム改革法············67
- 金融システム危機············128
- 金融商品取引法··············112
- 金融商品販売法··············112
- 金融商品をめぐるトラブル········18
- 金融仲介機関···············36
- 金融仲介機能···············61
- 金融庁··············19, 22
- 金融の不安定化サイクル········150
- 金融不安定化仮説（ミンスキーモデル）···150
- 金融持株会社···············60
- 金融リテラシー········19, 20, 22
- 金融リテラシーマップ·······17, 19
- 金利·················25
- 金利の期間構造··············28
- 金利リスク············86, 88
- クレジットカード会社··········74
- グローバルスタンダード·······152
- ケインズの美人投票········76, 80
- 決済性預金················85
- 減価償却費············118, 124
- 現金通貨················24
- 公社債投信··············108

公定歩合〜

- 公定歩合··············29, 140
- 公定歩合政策··············141
- 公的金融機関··············58
- 行動ファイナンス理論······76, 79
- 公募発行················120
- 国債··············28, 85
- 国際通貨基金（IMF）··········151
- 個人向け国債··············87
- 固定金利と変動金利···········33
- コーポレート・ファイナンス···39, 117
- コミットメントライン·····127, 130
- コールレート················29
- コンビニ銀行···············60

さ〜そ

- 最安価危機回避者········152, 153
- 最終利回り············86, 87
- 最大多数の最大理解············20
- 財務レバレッジ··············103
- 先物（フューチャー）········102
- サービサー················42
- サブプライム危機··············76
- サブプライムローン（米国）·····43
- サムライ債（円建て外債）···86, 92
- 資金回収のオペレーション·····141
- 資金供給のオペレーション·····141
- 資金決済機能···············62
- 仕組み債············86, 87
- 仕組みバブル··············151
- 自己資本比率規制············42
- 自己資本比率規制········134, 135
- 自己責任············17, 111
- 事後的措置···············146
- 資産選択················46
- 資産変換················37
- 市場金利················29
- 市場の暴走··············153
- システムリスク·········48, 55
- 事前的措置···············146
- 実質金利················27
- 資本コスト·······118, 121, 123
- 資本市場················41
- 社会人基礎力···············13
- 収益性················50
- 就活先················9
- 住宅投資バブル··············151
- ジュニアNISA···············92
- 順イールド················28
- 準通貨················30
- 奨学金················7
- 証券化金融················42
- 証券取引所···············96
- 証拠証券················36
- 上場·················96
- 証書貸付············128, 129
- 消費者金融会社··············74
- 消費者契約法··············112
- 情報の非対称性········52, 122
- 将来の不確実性··············48
- 新株予約権付社債············120
- シンジケートローン···········132
- 人生の3大出費··············8
- 信託業務················64

信認（信用評価）バブル	151
信販会社	74
信用金庫	59
信用組合	59
信用創造機能	61
信用リスク	48, 88, 109
ステークホルダー	117
ストックオプション	124
スプレッド貸出	131
スワップ	102
スワップポイント	100
政策金利	29
政府保証債	86, 87
生命保険	75
セリング業務	72
ゼロ金利政策	29, 32, 83
ゼロクーポン債（割引債）	87
選択と集中	52
増資	120
総資本回転率	103
相対型市場	127
ソブリン・ウェルス・ファンド	75, 79
ソブリン債	86, 92
損害保険	75
孫子の兵法	13

た～と

大恐慌	149
第三者割当	120, 124
第二地銀	60
タックス・ヘイブン	43
他人資本（負債）	118
他人資本（負債）コスト	118
短期金融市場	40
短期金利	28
担保と保証	129
単利	26
地方銀行	60
中国人民銀行	139
長期金融市場	40
長期金利	28
超高速取引	95
直接金融方式	36
貯蓄から投資へ	7, 83
つみたてNISA	92
定額貯金	84
定期預金	30
デイ・トレーダー	95
ディーリング業務	71
手形貸付	37, 128
手形割引	130
デフレ・スパイラル	32, 140
デリバティブ	102
転換社債型新株予約権付社債	121
電子マネー	25, 33
投機的金融	150
当座貸越	128, 129
当座預金	62
投資一任契約	79
投資銀行（インベストメントバンク）	72, 80
投資信託	38, 106～110
投資信託の手数料	110, 114
投資ファンド	39, 78
東証株価指数	95, 96
特別目的会社	42
ドット・フランク法	102, 152
ドルコスト平均法	111

な～の

内部金融と外部金融	118
内部留保	119
72の法則	27, 33
NISA（少額投資非課税制度）	83, 92
日銀当座預金	32
日経平均株価	95, 96
日本銀行（日銀）	32, 139～142
日本銀行法	139
日本版金融ビッグバン	59, 64～65, 67
ねずみ講的な金融	150
ネット専業証券会社	80
農林漁業系協同組合	59, 68
ノンバンク（金融機関）	9, 58, 74

は～ほ

配当利回り	97～99
ハイリスク・ハイリターン	7, 47
バースト	76
パーソナル・ファイナンス	39
バックアップライン（CPの）	130
発行市場	71, 72
パッシブ運用	109
バブル	76, 151
バブル崩壊	29, 77
バランス型投信	109
引き受け業務	72
ビットコイン	25, 33
非伝統的な金融政策	145
ヒューリスティック	79
標準偏差	54
ファンド型金融	38, 39
ファンド・マネージャー	106
フィナンシャルプランナー	92
フィンテック	56, 66
複利	26
不実告知	112
普通社債	120
物価の安定	139
不動産ファンド	78
プライベート・エクイティ	78
プライムレート	131
ブラックボックス化	151
不良債権	127, 128
不良債権・金融システム危機（日本）	149
プルーデンス政策	142
ブローカー業務	71
プロジェクト・ファイナンス	135
プロスペクト理論	79
ブロックチェーン	24, 33, 66
不渡り	62, 129
分散値	54
分散投資	51
分別管理	108
分離型新株予約権付社債（ワラント債）	121
ベアとブル	77
ペイオフ	85
平均・分散モデル	54
ヘッジ金融	150
ヘッジファンド	78
ベンチャー・キャピタル	74
保険会社	75
ポートフォリオ	50～53
ポートフォリオ効果	51, 55
ボルカー・ルール	152
本源的証券	36
ポンティ金融	150

ま～も

マイナス金利	32
マクロ・プルーデンス政策	143
マネーストック	29, 32, 33
マネタリーベース	90, 140
ミクロ・プルーデンス政策	143, 146
ミンスキー，H.	150
名目金利	27
メインバンク（制度）	58, 131
メガバンク	60
目論見書	107, 114
モラルハザード	134, 151

や～よ

遺言信託	65
有価証券	36
融資と審査	135
ゆうちょ銀行	58, 61
ユニット型	108
要求払い預金	30, 84
預金準備金	61, 68
預金準備率操作	141
預金通貨	24, 84
預金保険制度	84, 85
預貯金の種類	84

ら～ろ

ライフサイクル	53
ライフデザイン	8
リース会社	74
リスクとリターン	11, 46
リスクプレミアム	48, 122, 124
リスクマネジメント	49, 50
利付債	87
リーマン・ショック	43
流通市場	71, 72
流動性	50
流動性リスク	49, 89, 109
量的緩和政策	83, 142
リレーションシップバンキング	59, 68
レバレッジ効果	100
連邦公開市場委員会（FOMC）	144
連邦準備制度（FRS）	144
連邦準備制度理事会・連邦準備制度銀行（FRB）	139, 144
ローリスク・ハイリターン	7, 48, 55
ローリスク・ローリターン	7, 47
ロンバート型貸出制度	140

わ

ワラント債	121
割引率	31

著者● 平田　潤 ひらた　じゅん

桜美林大学経済・経営学系教授、同大学院経営学研究科教授、学術博士
1952年生まれ。東京大学法学部政治学科・同公法学科卒業。第一勧業銀行入行、ニューヨーク支店、第一勧業総合研究所国際調査部長、みずほ総合研究所主席研究員を経て現在に至る。青山学院大学、高千穂大学、九州大学各兼任講師を経て、2004年4月より現職。
著書『「21世紀日本型」構造改革試論─グローバル経済とアベノミクスのゆくえ』弘文堂、2014年
『図解　アメリカ経済がわかる本』東洋経済新報社、2012年
『長期不況はなぜ繰り返されるのか』東洋経済新報社、2004年
『金融変革の経済学』日本評論社、2003年（共著）
『ネットワーク型発展のアジア』東洋経済新報社、2003年（共著）
『21世紀型金融危機とIMF』東洋経済新報社、1999年（監修・共著）他

シリーズ監修者● 渡辺利夫 わたなべ　としお
1939年生まれ。拓殖大学学事顧問、東京工業大学名誉教授、経済学博士。
『成長のアジア　停滞のアジア』（東洋経済新報社、1985）で吉野作造賞、『開発経済学』（日本評論社、1986）で大平正芳記念賞、『西太平洋の時代』（文藝春秋、1989）でアジア・太平洋賞大賞、『神経症の時代─わが内なる森田正馬』（TBSブリタニカ、1996）で開高健賞受賞、ほか著書多数。

プレステップ金融学〈第2版〉

2009(平成21)年2月15日	初　版	1刷発行	
2015(平成27)年3月30日	同	3刷発行	
2018(平成30)年2月28日	第2版	1刷発行	
2021(令和3)年2月28日	同	3刷発行	

著　者　平田　潤
発行者　鯉渕　友南
発行所　株式会社 弘文堂　101-0062　東京都千代田区神田駿河台1の7
　　　　　　　　　　　　TEL 03(3294)4801　振替00120-6-53909
　　　　　　　　　　　　http://www.koubundou.co.jp
デザイン・イラスト　高嶋良枝
印　刷　三報社印刷
製　本　三報社印刷

© 2018 Jun Hirata.　Printed in Japan
JCOPY 〈(社)出版者著作権管理機構　委託出版物〉
本書の無断複写は著作権法上での例外を除き禁じられています。複写される場合は、そのつど事前に、(社)出版者著作権管理機構（電話03-5244-5088、FAX 03-5244-5089、e-mail : info@jcopy.or.jp）の許諾を得てください。
また本書を代行業者等の第三者に依頼してスキャンやデジタル化することは、たとえ個人や家庭内での利用であっても一切認められておりません。

ISBN978-4-335-00095-9